Melhores Poemas

MÁRIO DE ANDRADE

Direção de Edla van Steen

Melhores Poemas

MÁRIO DE ANDRADE

Seleção
GILDA DE MELLO E SOUZA

São Paulo
2016

© Global Editora 2016
8ª Edição, Global Editora, São Paulo 2016

Jefferson L. Alves – diretor editorial
Gustavo Henrique Tuna – editor assistente
Flávio Samuel – gerente de produção
Flavia Baggio – coordenadora editorial
Jefferson Campos – assistente de produção
Fernanda Bincoletto – assistente editorial e revisão
Danielle Costa – revisão
Eduardo Okuno – capa
Retrato de Mário de Andrade, óleo sobre tela (1927), de Lasar Segall, 1821 Viena – 1957 São Paulo, coleção Mário de Andrade – Instituto de Estudos Brasileiros da USP/SP – imagem de capa

Obra atualizada conforme o
NOVO ACORDO ORTOGRÁFICO DA LÍNGUA PORTUGUESA.

CIP-BRASIL. CATALOGAÇÃO NA PUBLICAÇÃO
SINDICATO NACIONAL DOS EDITORES DE LIVROS, RJ

A565m

Andrade, Mário de
 Melhores poemas: Mário de Andrade / Mário de Andrade; organização Gilda de Mello e Souza; [coordenação Edla van Steen]. – [8. ed]. –
São Paulo: Global, 2016.
il.

 ISBN 978-85-260-2283-6

 1. Poesia brasileira. I. Souza, Gilda de Mello e. II. Steen, Edla van. III. Título.
16-33404
CDD: 869.1
CDU: 821.134.3(81)-1

Direitos Reservados

global editora e distribuidora ltda.
Rua Pirapitingui, 111 – Liberdade
CEP 01508-020 – São Paulo – SP
Tel.: (11) 3277-7999 – Fax: (11) 3277-8141
e-mail: global@globaleditora.com.br
www.globaleditora.com.br

Colabore com a produção científica e cultural.
Proibida a reprodução total ou parcial desta obra
sem a autorização do editor.

Nº de Catálogo: **1574.POC**

Gilda de Mello e Souza é autora dos seguintes livros: *O tupi e o alaúde*, *Exercícios de leitura* e *O espírito das roupas*. Organizou para a Biblioteca Ayacucho da Venezuela o volume 56, *Mário de Andrade, Obra excogita*. Foi professora de Estética da Faculdade de Filosofia da Universidade de São Paulo.

APRESENTAÇÃO

Um dos objetivos desta antologia é tornar mais acessível ao leitor, através de uma certa escolha e de uma nova ordenação, a poesia variada e complexa de uma das personalidades literárias mais expressivas que o Brasil produziu no século XX.

A maioria das composições agrupadas na primeira parte foi escrita entre 1921 e 1922, e reflete o estado de espírito que caracterizou a Semana de Arte Moderna, de que Mário de Andrade foi o ideólogo e um dos protagonistas principais. Esses poemas pertencem aos seus dois primeiros livros *modernos*, *Pauliceia desvairada* e *Losango cáqui*, obras contemporâneas, mas muito diversas do ponto de vista da psicologia da criação. Cronologicamente, *Pauliceia desvairada* é o primeiro livro de poesias a difundir no Brasil os princípios estéticos das vanguardas europeias, além de sistematizar o uso do verso livre. Foi composto em 1921 e, antes de ser publicado, lido pelo autor, primeiro em São Paulo, para os companheiros de movimento, e em seguida no Rio de Janeiro. Essas leituras históricas incentivaram sobremodo a implantação dos processos modernistas.

Contudo, a conquista do "verso verdadeiramente livre" foi mais lenta e trabalhosa, pois, como disse Mário de Andrade, "ninguém se liberta duma vez das teorias avós que bebeu", – isto é, do repertório tradicional das imagens, do ritmo metrificado e do apoio da rima. Se prestarmos atenção, veremos que embora contenha um grito pessoal e apaixonado, *Pauliceia desvairada* não representa uma etapa totalmente inovadora ou revolucionária. Como o próprio autor frisou no momento da publicação, o livro é uma ponte entre o passado e o futuro, conservando, ao lado da feição modernista, vários traços herdados do parnasianismo e do simbolismo. Além disso, a novidade chocante do verso livre é frequentemente mitigada pelo contrabando das rimas internas, a utilização no mesmo poema de rimas, ora consoantes, ora toantes, e ainda a exploração irônica de formas gastas, como o soneto.

Mas se *Pauliceia desvairada* divulga o verso livre, é em *Losango cáqui* que deparamos com o aspecto verdadeiramente experimental da primeira fase modernista. Os seus poemas já introduzem modalidades que Mário de Andrade nunca mais abandonou: as *notações líricas*, suscitadas pelas sensações, ideias, momentos da vida, e as *meditações*, composições longas e elaboradas, em que discute o seu próprio destino ou o destino incerto da pátria. Em ambos os casos nos defrontamos com uma poesia dinâmica, de ar livre, que, feita ao sabor da caminhada, vai recolhendo os sinais que circulam incessantemente entre a realidade exterior e o ser profundo do poeta.

Durante o período modernista, é o sentimento da cidade de São Paulo – íntimo, afetuoso, embora sempre mesclado de humor – que provoca a emissão viva das ideias. Às vezes a referência ao real é tão minuciosa, que o leitor da época poderia localizar, sem esforço, os trechos urbanos a que o poema se referia, refazendo, por exemplo, o itinerário da parada de 7 de setembro ("Parada") ou o trajeto de bonde pelo bairro aristocrático ("O domador").

Depois dos poemas dessa fase inicial, o leitor encontrará os que foram escolhidos na obra posterior, a começar por um livro-chave, *Remate de males* (1930). Poderá então verificar como, à medida que se afasta dos aspectos belicosos do modernismo, a poesia de Mário de Andrade vai ficando mais subjetiva, fazendo, por exemplo, com que os *momentos, noturnos, improvisos* percam o seu corte puramente descritivo. Agora, os sentidos, mais afinados, captam o mundo exterior como fonte de sinais, que transfiguram a realidade e parecem *compô-la* numa atmosfera quase musical: "a doçura da manhã praceana", "a mão de chuva do vento" no descampado da fazenda.

A lírica amorosa leva mais adiante essa contaminação recíproca do sentimento da paisagem e dos estados afetivos. Ela abrange num leque amplo as várias gradações do amor: amizade amorosa pela "doce amiga", amor platônico pela "rica senhora", relação carnal do "Girassol da madrugada" e dos "Poemas da negra".

Chamamos a atenção do leitor para a importância histórica dos "Poemas da negra", que constituem um dos pontos altos da lírica de Mário de Andrade. Ambientados no Recife, manifestam o já referido efeito de contaminação entre a tonalidade afetiva e o sentimento do mundo ambiente. A série pertence ao ciclo que ele chama de "poemas invisíveis", de "poemas azuis", para os quais solicita nas cartas a atenção de Manuel Bandeira. Diante da resistência do amigo em aceitá-los, Mário observa com a argúcia costumeira que isso talvez derive do fato dele ter valorizado uma negra, "fazendo-a sair das faculdades de concepção baudelereana". Trata-se, efetivamente, de uma atitude inédita na lírica brasileira. Para avaliá-la, basta comparar a ternura comovida e mesmo reverente do poeta em face da sua "casta rainha", com o erotismo de senhor de engenho a que já se habituara a sensibilidade nacional e se desprende, por exemplo, da "Negra Fulô", de Jorge de Lima.

A trajetória poética de Mário de Andrade é dinâmica, e em etapas seguintes, ou mesmo simultaneamente, podemos encontrar outros modos de relacionamento com os seres, o mundo, a própria personalidade. Assim, o monólogo interior, que na fase inicial acompanhava o ritmo das caminhadas, no campo ou na cidade, se transforma em diálogo com o irmão longínquo do Norte ou do Sul (por exemplo: "Dois poemas acreanos", não incluído nesta antologia). Por sua vez, a relação com o mundo perde a interioridade e se pauta pela alternância do "devaneio do caminho" e o "devaneio do repouso" (para usar a distinção de Bachelard), gerando oposições gratas à personalidade dividida de Mário de Andrade, todas baseadas na natureza externa: rio-lagoa, altitude-planície ("pirineus"-"caiçaras"), manhã-tarde, dia-noite.

Essas tendências podem ligar-se a um pendor muito vivo para a *meditação*, que leva o poeta a passar da experiência imediata (o passeio, o espetáculo do povo, a paisagem, a festa) para a reflexão sobre a vida, o eu, a pátria. Isso pode ocorrer tanto nos momentos de virtuosismo quase pitoresco ("Carnaval carioca") quanto em largos panoramas ("Noturno de Belo Horizonte") ou nas peças em que, à maneira dos românticos, combina a introspecção ao sentimento da paisagem e à mobilidade do observador. Este último caso é o da "Louvação da tarde", em que aparece um traço importante de Mário de Andrade: a realização do novo pela fidelidade à tradição. Lendo esses admiráveis decassílabos brancos, pensamos quase insensivelmente em alguns dos nossos poetas do passado e nos poetas ingleses "dos lagos", sobretudo Wordsworth, aos quais Mário se refere implicitamente na simples adoção desse tipo de poema.

A "Meditação do Tietê" é a última dessas composições, terminada treze dias antes da morte repentina do poeta. "Grimpado no arco da Ponte das Bandeiras" ele vê passar, refletida na água oleosa do rio, a cidade iluminada e a estranha fauna que a povoa. Então, como uma "ronda de soturnas sombras", retornam, movendo a "água noturna", a "noite líquida", os temas e motivos dominantes que atravessam a sua obra e são agora rememorados na trágica antevisão da morte: os amores, as lutas, os sonhos, os projetos, as amarguras de uma trajetória sofrida. De todas as meditações, esta é a mais dramática, mais complexa, mais cifrada.

O processo poético que caracteriza a obra de maturidade de Mário é misterioso, intencionalmente oblíquo e portanto difícil. O pensamento sempre aflora camuflado através de símbolos, metáforas, substituições, — expediente impenetrável para quem não possui um conhecimento mais profundo, tanto da realidade brasileira como da biografia do escritor.

De fato, uma das referências do seu código poético é o Brasil, que ele procura apreender em vários níveis, nas variações semânticas e sintáticas da língua, nos processos tradicionais da poética erudita e popular, nas imagens e metáforas que tira da realidade exterior: a cidade natal onde viveu, o mundo muito mais amplo da geografia, da história, da cultura complexa do país. E como a outra referência do código é o eu atormentado do artista, a poesia resulta numa realidade ao mesmo tempo selvagem e requintada, primitiva e racional, coletiva e secreta, que não se furta ao exame, mas está sempre disfarçada por trás da multiplicidade das máscaras.

Para situar melhor este curioso processo poético, creio que é esclarecedora a comparação com um poeta bem diverso, Manuel Bandeira. Por coincidência os dois têm uma poesia baseada no mesmo tema: "Brasão", de Mário (10-11-1937) e "Carta de Brasão" de Manuel (22-1-1934). O confronto pode esclarecer a especificidade de cada um.

O poema de Manuel Bandeira é construído de acordo com um sistema de sinais *que equivale ao sistema corrente*. Isto é, em vez de recorrer a um código particular, o poeta usa o dicionário de toda a gente, para que a palavra designe a realidade de todos. Isto faz com que a simplicidade dos versos comporte uma leitura de superfície que é bastante coerente, e o texto resulte enxuto, quase geométrico. As palavras não tentam extravasar o limite estritamente denotativo que lhes foi imposto e se limitam à descrição seca e objetiva das armas de família. Apenas de passagem, e numa breve oscilação de sentido, ousam baralhar num trocadilho fortuito o timbre do brasão e o sobrenome do poeta. A partir daí, e até a vibrante oferta final, elas remetem apenas a elas mesmas, obrigando-nos a fixar sobretudo a espessura formal dos vocábulos, os sons rascantes ou líquidos, que riscam a limpeza gráfica do poema: quadra, quadrada, rompante, timbre, cerrado, armado, filete, paquife. A atenção do leitor é forçada e concentra-se nesse núcleo emblemático, intencionalmente pobre, de onde foi banida toda palpitação cromática ou fluidez de sentido. Como certa pintura moderna, o jogo dos significados foi substituído pela nobre solidão do significante, fazendo o choque estético derivar da articulação que se efetua entre a primeira parte, fria, heráldica e o fecho imprevisto, quando o poeta, rendido, depõe as armas aos pés da mulher amada:

> *Esta é a minha carta de brasão.*
> *Por isso teu nome*
> *Não chamarei mais Rosa, Teresa ou Esmeralda:*
> *Teu nome chamarei agora*
> *Candelária.*

Nada mais afastado deste poema que o texto tumultuoso de Mário de Andrade. "Brasão", incluído na coletânea "A costela do Grão Cão", pertence ao período atormentado em que, temendo a proximidade da morte, Mário de Andrade inicia em vários níveis (cartas, conferências, obra poética) o balanço da própria vida. O quadro que o poema apresenta é inquietante, mesmo que não se atente à significação isolada de cada termo. O colorido opulento expressa desde o início o tom emocional dos versos, no claro-escuro vivamente iluminado, que opõe duas metades antagônicas, feitas de fogo e treva, zarcão ardendo e escuridão de "mil cavernas". Uma infinidade de elementos heterogêneos, reduzidos à mesma proporção niveladora, compõem a iconografia fantástica, boscheana, desse mundo dilacerado: países, cidades, símbolos religiosos e de conquista, inscrições divergentes, um variado bestiário. São sinais descritos com minúcia, que não ficam imóveis, retidos na carta de armas, à disposição do olhar. Eles emergem de uma reserva comum, ao mesmo tempo coletiva e privada, remota e presente, e vêm ao encontro do poeta, lentos e graves, como o imaginário perturbador dos sonhos.

O poeta saúda comovido o estranho cortejo e reconhece um a um os sinais alinhados em campos opostos: de um lado, a cultura europeia, o catolicismo, a decisão da vontade e a identidade construída; de outro, a cultura local, o catimbó, a celebração da preguiça e a identidade profunda. Ali estão reunidas no discurso simbólico, identificadas, equivalentes, intercambiáveis, a "pátria despatriada" e a "personalidade arlequinal" de outros poemas. A qual delas este se refere?

O texto, muito complexo, permeado de ressonâncias, exige uma leitura em profundidade, atenta às metáforas recorrentes, às oposições obsessivas, aos deslizamentos de sentido. Atenta não apenas à enumeração dos *sinais*, mas aos *esquecimentos* e *disfarces*, que, não obstante o tom confessional do poema, insistem em preservar a intimidade e o segredo:

E falta o boi Paciência, o boi que pertence a Armida,
Traz por guampas os cornos da luna
E um peitoral de turmalinas.
Mas esse vem no outro coração mole,
Não se mostra a ninguém.

Este negaceio constante, feito de confissão e recalque, abandono e reserva, terminará no brusco arremate do dístico final que, tenso e emocionado, trai a conotação autobiográfica dos versos:

Ai que eu vou me calar agora,
Não posso, não posso mais.

No entanto, por um paradoxo curioso, é este "Brasão", rigorosamente cifrado, que nos fornece o melhor exemplo para deslindar o rigoroso código poético de Mário de Andrade. Com base nos poemas reunidos aqui, propomos ao leitor que entre por sua conta nessa aventura fascinante.

Gilda de Mello e Souza

POEMAS

I. MOMENTOS E PAISAGENS (I)

INSPIRAÇÃO

> *Onde até na força do verão*
> *havia tempestades de ventos*
> *e frios de crudelíssimo inverno.*
> **Fr. Luís de Sousa**

São Paulo! comoção de minha vida...
Os meus amores são flores feitas de original!...
Arlequinal!... Traje de losangos... Cinza e ouro...
Luz e bruma... Forno e inverno morno...
Elegâncias sutis sem escândalos, sem ciúmes...
Perfumes de Paris... Arys!
Bofetadas líricas no Trianon... Algodoal!...

São Paulo! comoção de minha vida...
Galicismo a berrar nos desertos da América!

PAISAGEM Nº 1

Minha Londres das neblinas finas!
Pleno verão. Os dez mil milhões de rosas paulistanas.
Há neve de perfumes no ar.
Faz frio, muito frio...
E a ironia das pernas das costureirinhas
parecidas com bailarinas...
O vento é como uma navalha
nas mãos dum espanhol. Arlequinal!...
Há duas horas queimou sol.
Daqui a duas horas queima sol.

Passa um São Bobo, cantando, sob os plátanos,
um tralalá... A guarda-cívica! Prisão!
Necessidade a prisão
para que haja civilização?
Meu coração sente-se muito triste...
Enquanto o cinzento das ruas arrepiadas
dialoga um lamento com o vento...

Meu coração sente-se muito alegre!
Este friozinho arrebitado
dá uma vontade de sorrir!
E sigo. E vou sentindo,
à inquieta alacridade da invernia,
como um gosto de lágrimas na boca...

PAISAGEM Nº 3

Chove?
Sorri uma garoa cor de cinza,
muito triste, como um tristemente longo...
A casa Kosmos não tem impermeáveis em liquidação...
Mas neste largo do Arouche
posso abrir meu guarda-chuva paradoxal,
este lírico plátano de rendas mar...

Ali em frente... – Mário, põe a máscara!
– Tens razão, minha Loucura, tens razão.
O rei de Tule jogou a taça ao mar...

Os homens passam encharcados...
Os reflexos dos vultos curtos
mancham o petit-pavé...
As rolas da Normal
esvoaçam entre os dedos da garoa...
(E se pusesse um verso de Crisfal
No *De Profundis*?...)
De repente
um raio de Sol arisco
risca o chuvisco ao meio.

NOTURNO

Luzes do Cambuci pelas noites de crime...
Calor!... E as nuvens baixas muito grossas,
feitas de corpos de mariposas,
rumorejando na epiderme das árvores...

Gingam os bondes como um fogo de artifício,
sapateando nos trilhos,
cuspindo um orifício na treva cor de cal...

Num perfume de heliotrópios e de poças
gira uma flor-do-mal... Veio do Turquestã;
e traz olheiras que escurecem almas...
Fundiu esterlinas entre as unhas roxas
nos oscilantes de Ribeirão Preto...

— Batat' assat' ô furnn!...

Luzes do Cambuci pelas noites de crime!...
Calor... E as nuvens baixas muito grossas,
feitas de corpos de mariposas,
rumorejando na epiderme das árvores...

Um mulato cor de ouro,
com uma cabeleira feita de alianças polidas...
Violão! "Quando eu morrer..." Um cheiro pesado de baunilhas
oscila, tomba e rola no chão...
Ondula no ar a nostalgia das Baías...

E os bondes passam como um fogo de artifício,
sapateando nos trilhos,
ferindo um orifício na treva cor de cal...

— Batat'assat'ô furnn!...

Calor!... Os diabos andam no ar
corpos de nuas carregando...
As lassitudes dos sempres imprevistos!
e as almas acordando às mãos dos enlaçados!
Idílios sob os plátanos!...
E o ciúme universal às fanfarras gloriosas
de saias cor-de-rosa e gravatas cor-de-rosa!...

Balcões na cautela latejante, onde florem Iracemas
para os encontros dos guerreiros brancos... Brancos?
E que os cães latam nos jardins!
Ninguém, ninguém, ninguém se importa!
Todos embarcam na Alameda dos Beijos da Aventura!
Mas eu... Estas minhas grades em girândolas de jasmins,
enquanto as travessas do Cambuci nos livres
da liberdade dos lábios entreabertos!...
Arlequinal! Arlequinal!
As nuvens baixas muito grossas,
feitas de corpos de mariposas,
rumorejando na epiderme das árvores...
Mas sobre estas minhas grades em girândolas de jasmins,
o estelário delira em carnagens de luz,
e meu céu é todo um rojão de lágrimas!...

E os bondes riscam como um fogo de artifício,
sapateando nos trilhos,
jorrando um orifício na treva cor de cal...

— Batat'assat'ô furnn!...

TU

Morrente chama esgalga,
mais morta inda no espírito!
Espírito de fidalga,
que vive dum bocejo entre dois galanteios
e de longe em longe uma chávena da treva bem forte!

Mulher mais longa
que os pasmos alucinados
das torres de São Bento!
Mulher feita de asfalto e de lamas de várzea,
toda insultos nos olhos,
toda convites nessa boca louca de rubores!

Costureirinha de São Paulo,
ítalo-franco-luso-brasílico-saxônica,
gosto dos teus ardores crepusculares,
crepusculares e por isso mais ardentes,
bandeirantemente!

Lady Macbeth feita de névoa fina,
pura neblina da manhã!
Mulher que és minha madrasta e minha irmã!
Trituração ascencional dos meus sentidos!
Risco de aeroplano entre Moji e Paris!
Pura neblina da manhã!

Gosto dos teus desejos de crime turco
e das tuas ambições retorcidas como roubos!
Amo-te de pesadelos taciturnos,

Materialização da Canaã do meu Poe!
Never more!

Emílio de Menezes insultou a memória do meu Poe...

Oh! Incendiária dos meus aléns sonoros!
tu és o meu gato preto!
Tu te esmagaste nas paredes do meu sonho!
este sonho medonho!...

E serás sempre, morrente chama esgalga,
meio fidalga, meio barregã,
as alucinações crucificantes
de todas as auroras de meu jardim!

O DOMADOR

Alturas da Avenida. Bonde 3.
Asfaltos. Vastos, altos repuxos de poeira
sob o arlequinal do céu ouro-rosa-verde...
As sujidades implexas do urbanismo.
Filets de manuelino. Calvícies de Pensilvânia.
Gritos de goticismo.
Na frente o tram da irrigação,
onde um sol bruxo se dispersa
num triunfo persa de esmeraldas, topázios e rubis...
Lânguidos boticellis a ler Henry Bordeaux
nas clausuras sem dragões dos torreões...

Mário, paga os duzentos réis.
São cinco no banco: um branco,
um noite, um ouro,
um cinzento de tísica e Mário...
Solicitudes! Solicitudes!

Mas... olhai, oh meus olhos saudosos dos ontens
esse espetáculo encantado da Avenida!
Revivei, oh gaúchos paulistas ancestremente!
e oh cavalos de cólera sanguínea!
Laranja da China, laranja da China, laranja da China!
Abacate, cambucá e tangerina!
Guardate! Aos aplausos do esfuziante clown,
heroico sucessor da raça heril dos bandeirantes,
passa galhardo um filho de imigrante,
louramente domando um automóvel!

A MENINA E A CABRA

A menina peleja pra puxar a cabra
Que toda se espaventa escorregando no asfalto
Entre as campainhadas dos bondes
E a velocidade poenta dos automóveis...

...Todo um rebanho de cabras...
As cabras pastam o capim do meio-dia...
E na solidão morta da serra
Nem um toque só de buzina.
Cachorro feio de olhos grandes entocaiados nos pelos.
Junto das pedras movidas pelas lagartixas,
Aonde o solzão chapinha na água agitada
Afinca os dentes no queijo dourado
Lícias, pastor.

TABATINGUERA

Mas a taba cresceu... Tigueras agressivas,
Pra trás! Agora o asfalto anda em Tabatinguera.
Mal se esgueira um pajé entre locomotivas
E o forde assusta os manes lentos do Anhanguera.

Anhanga fantasmal, feito de tabatinga
Guincha, entrou pelo chão como o Anhangabaú.
E a alvura se tornou cimento-armado, é cinza,
Tinge a garoa Borba Gato Engaguaçu...

Nada de ajuntamento! Os polícias dirigem
O "Circulez". Meu Deus! É a marquesa de Santos!
Está pálida... O olhar fuzilando coragem
Faísca da cadeirinha atapetada de anjos.

Segue pra forca da Tabatinguera. Lento
O cortejo acompanha a rubra cadeirinha
Pro Ipiranga. Será que em tão pequeno assento
A marquesa botou sua imperial bundinha!...

O "ALTO"

Tudo esquecido na cerração.

... um-dois, um-dois, um-dois, um-dois, um-dois,
um-dois, um-dois, um-dois
                    ÁRVORE
um-dois, um-dois, um-dois, um-dois,
um-dois
        ÁRVORE
                um-dois, um-dois, um-
                            ÁRVORE
                                  dois,
um-dois, um-dois, um-dois, um-dois,
um-dois
        PRIMEIRO APITO
                    um-dois,
                            um-dois,
                                  um:
                                      – prraá.
– Cutuba!

XVII

Mário de Andrade, intransigente pacifista, internacionalista amador, comunica aos camaradas que bem contravontade, apesar da simpatia dele por todos os homens da Terra, dos seus ideais de confraternização universal, é atualmente soldado da República, defensor interino do Brasil.

E marcho tempestuoso noturno.
Minha alma cidade das greves sangrentas,
Inferno fogo INFERNO em meu peito,
Insolências blasfêmias bocagens na língua.

Meus olhos navalhando a vida detestada.

A vista renasce na manhã bonita.
Pauliceia lá embaixo epiderme áspera
Ambarizada pelo sol vigoroso,
Com o sangue do trabalho correndo nas veias das ruas.
        Fumaça bandeirinha.
        Torres.
        Cheiros.
        Barulhos
        E fábricas...
        Naquela casa mora,
        Mora, ponhamos: Guaraciaba...
        A dos cabelos fogaréu!...
        Os bondes meus amigos íntimos
        Que diariamente me acompanham pro trabalho...
        Minha casa...
        Tudo caiado de novo!

É tão grande a manhã!
É tão bom respirar!
É tão gostoso gostar da vida!

A própria dor é uma felicidade...

PARADA
(7 de setembro de 1922)

"– Colunas de pelotões por quatro!"

O DESFILE PRINCIPIA.

O refle rombudo da soldadesca marchando
Mansamente se embainha na Avenida.

"– Olhe a conversão!"
   Conversão de S. Paulo...
Todos convergem pra esquerda.
Lá está Bilac estreando a fatiota de bronze.
  Pátria latejo em ti...
  Meu Brasilzinho do coração!
 A alma da gente drapeja no espaço cinzento.
Os mil milhões de rosas paulistanas.

Moça bonita!
Muitas moças.
Conhecidos.
"– Troque o passo!"
Gi, Taco, Maria, que lindos os três!
Máquinas cinematográficas.
    My Boy.
   Não posso me rir.
Olhar altivo pra frente...

Na minha frente
O cabo mais descabido deste mundo.
Rua Augusta curiosa.

Todas as ruas transversais espiando curiosas
Trepadas em trincheiras de automóveis.
Sorveteiro.
Moça bonita!
Palmas.
Grade dos escoteiros perfilados.
Cunhãs, velhas corocas debruçadas...
                                              Brutas!
No parapeito das cabeças infantis.
As famílias dos mitras nos castelos roqueiros
Apresentam armas em negligé.
                    Zero uniforme.

Este cabo caminha em contratempo,
                    Cinco por quatro,
        Tal e qual Boieldieu na *Dama branca*
     "Viens, gentille dame"...
  Zortzico de Albeniz...
Esculhamba toda a marcha!

Moça bonita!
"– Olhe o Mário de Andrade!"
Se enganou, moça.
                Onde estarei?
                Ela não veio com certeza...
                Que bem me importa!
                Saiba a cidade de S. Paulo
                Que nela vive um homem feliz!
"– Olhe a cadência!"
          O TRIANON VAI PASSAR

Palmas.
O tenente gesticula com a espada
E todos olham pra direita com continência.
Músicas.
Ovação.
Trinta carinhas adoráveis.
Esta família sorocaba...
Tudo procissiona em meus olhos um-dois...
                    Árvores,
                    O preto,
                    Beiço vermelho tapa o resto.
                    Moça bonita!
                    Músicas.
                    Cornetas.
                Cornacas.
            Bengalós.
    No alto dum palanquim
    Sua Excia. o marajá de Khajurao.
O sr. presidente do Estado não gosta de Modernismo...

Olha pra mim!
"– Fora de forma!
Quarenta dias de prisão!..."
                Oh, minhas alucinações!
Moça bonita!
Palmas.
Passou o palanquim.
Serenamente continuou sua jornada
Sua Excia. o marajá de Khajurao.

E os diademas de pérolas luzentes
Nos risos das favoritas.
Toneladas de moças bonitas!
"— Viva o Brasil!"
"— Viva o Quarto Batalhão de Caçadores!"
Risos.
Sorveteiro-sorveteiro.
Acerte o passo, cabo!
Um senhor três filhas gordas,
    Colares falsos,
   Terra-roxa,
    Guaratinguetá,
   Tabatinguera,
  Oblivion!
Oblivion...

Está acabando a preocupação.
Braço dói.
A Avenida escampou.
Não tem mais moça bonita.
Quedê as palmas?
Não existo.
Não marcho.
Muito longe
Nos cafundós penumbristas de Santo Amaro
O vácuo badalando badalando...
Eco dentro de mim.
Não tem mais Independência do Brasil.
Olhos defuntos.

Ninguém.
Nada.
Pra que tanto tambor?
O braço nem dói mais.
Cheiros de almoços mayonnaises.
Sol crestado nas nuvens que nem PÃO.
    Kennst du das Land
    Wo die Zitronen blühen?...
            Assombrações desaparecidas.
            O mundo não existe.
            Não existo.
            Não sou.
    CICLIZAÇÃO

        Alô?...
Dava dez milréis por um copo de leite.

II. BRASIL DE ASSOMBROS E ANEDOTAS

COCO DO MAJOR
(Rio Grande do Norte)

a Antônio Bento de Araújo Lima

O major Venâncio da Silva
Guarda as filhas com olho e ferrolho,
Que vidinha mais caningada
    — seu mano —
Elas levam no engenho do velho!

Nem bem a arraiada sonora
Vem tangendo as juremas da estrada
Já as três se botam na renda
    — seu mano —
Trequetreque de bilros, mais nada.

Vai, um mocetão paroara
Destorcido porém sem cabeça
Apostou num coco da praia
    — seu mano —
Que daria uma espiada nas moças.

Pois a fala do lambanceiro
Foi parar direitinho no ouvido
Do major Venâncio da Silva
    — seu mano —
Que afinal nem se deu por achado.

Bate alguém na sede do engenho.
— Seu major, ando morto de sede,
Por favor me dê um copo de água...
    — seu mano —
— Pois não, moço! Se apeie da égua.

Dois negrões agarram o afoito,
O major assobia pra dentro.
Vêm três moças lindas chorando
    — seu mano —
Com quartinhas de barro cinzento.

— Esta é minha filha mais velha,
Beba, moço, que essa água é de sanga.
E os negrões obrigam o pobre
    — seu mano —
A engolir a primeira moringa.

— Esta é minha filha do meio,
Beba, moço, que essa água é de corgo.
E os negrões obrigam o pobre
    — seu mano —
A engolir a moringa, já vesgo.

— Esta é minha filha mais nova,
Beba, moço, que essa água é de fonte.
E os negrões afogam o pobre
    — seu mano —
Que adubou os facheiros do monte.

O major Venâncio da Silva
Tem as filhas mais lindas do norte,
Mas ninguém não viu as meninas
    — seu mano —
Que ele as guarda com água de pote.

TOSTÃO DE CHUVA

Quem é Antônio Jerônimo? É o sitiante
    Que mora no Fundão
Numa biboca pobre. É pobre. Dantes
Inda a coisa ia indo e ele possuía
    Um cavalo cardão.
Mas a seca batera no roçado...
Vai, Antônio Jerônimo um belo dia
Só por debique de desabusado
Falou assim: "Pois que nosso padim
Pade Ciço que é milagreiro, contam,
Me mande um tostão de chuva pra mim!"
Pois então nosso "padim" padre Cícero
Coçou a barba, matutando, e disse:
"Pros outros mando muita chuva não,
Só dois vinténs. Mas pra Antônio Jerônimo
    Vou mandar um tostão".
No outro dia veio uma chuva boa
Que foi uma festa pros nossos homens
E o milho agradeceu bem. Porém
No Fundão veio uma trovoada enorme
Que num átimo virou tudo em lagoa
E matou o cavalo de Antônio Jerônimo.
    Matou o cavalo.

MODA DA CAMA DE GONÇALO PIRES

Gonçalo Pires possui uma cama,
Em nossa vila não tem mais nenhuma,
Gonçalo Pires se dá um estadão,
Só ele na terra dorme gostoso
Em traste bonito de estimação.

Delem! dem! dem!... O sr. Ouvidor,
Representante de Felipe IV,
Já vem subindo pelo Cubatão.
O dr. Antônio Rebelo Coelho
Vem nesta vila fazer correição.

Delem! dem! dem!... São Paulo nos acuda!
Se agita a Municipalidade,
Ouvidor-geral não dorme no chão!
Gonçalo Pires não quer emprestar
Cama cobertor lençol e colchão.

Mas os vereadores são bons paulistas
E Francisco Jorge, o procurador,
Recebe da Câmara autorização:
Trará a cama de Gonçalo Pires,
Ele que deixe-se de mangação!

Gonçalo Pires resmunga, peleja,
Mas a autoridade é da Autoridade,
Lá vêm pelas ruas em procissão,
Cobertos de olhos relampeando inveja
Cama cobertor lençol e colchão.

Que úmido frio... Das várzeas em torno
Na noite vazia que não tem fim
Dissolve as casinhas a cerração...
O Ouvidor-geral sonha em cama boa
E Gonçalo Pires dorme no chão.

Delem! dem! dem!... O Ouvidor vai-se embora!
Sai mais festejado que quando entrou...
A Câmara impa de satisfação.
Mas os vereadores são bons paulistas:
— Que entregue-se a cama com prontidão.

Gonçalo Pires rejeita o bem dele!
Não dorme em cheiro de ouvidor-geral...
Se reúne a Câmara em nova sessão.
— Lave-se o lençol! indica o notário.
Qual! Gonçalo empaca na rejeição.

Sete anos levam nessa pendenga
A Câmara paulista e Gonçalo Pires,
Paulista emperrando, não cede não.
E a História não sabe que fim levaram
Cama cobertor lençol e colchão.

CARNAVAL CARIOCA
(1923)

a Manuel Bandeira

A fornalha estrala em mascarados cheiros silvos
Bulhas de cor bruta aos trambolhões,
Cetins sedas cassas fundidas no riso febril...
Brasil!
Rio de Janeiro!
Queimadas de verão!
E ao longe, do tição do Corcovado a fumarada das nuvens pelo céu.

Carnaval...
Minha frieza de paulista,
Policiamentos interiores,
Temores da exceção...
E o excesso goitacá pardo selvagem!
Cafrarias desabaladas
Ruínas de linhas puras
Um negro dois brancos três mulatos, despudores...
O animal desembesta aos botes pinotes desengonços
No heroísmo do prazer sem máscaras supremo natural.

Tremi de frio nos meus preconceitos eruditos
Ante o sangue ardendo povo chiba frêmito e clangor.
Risadas e danças
Batuques maxixes
Jeitos de micos piriricas
Ditos pesados, graça popular...
Ris? Todos riem...

O indivíduo é caixeiro de armarinho na Gamboa.
Cama de ferro curta por demais,
Espelho mentiroso de mascate
E no cabide roupas lustrosas demais...
Dança uma joça repinicada
De gestos pinchando ridículos no ar.
Corpo gordo que nem de matrona
Rebolando embolado nas saias baianas,
Braço de fora, pelanca pulando no espaço
E no decote cabeludo cascavéis saracoteando
Desritmando a forçura dos músculos viris.
Fantasiou-se de baiana,
                A Baía é boa terra...
                            Está feliz.

Entoa à toa a toada safada
E no escuro da boca banguela
O halo dos beiços de carmim.
Vibrações em redor.
Pinhos gargalhadas assobios
Mulatos remelexos e boduns.
Palmas. Pandeiros. – Aí, baiana!
                Baiana do coração!
Serpentinas que saltam dos autos em monóculos curiosos,
Este cachorro espavorido,
Guarda-civil indiferente.
Fiscalizemos as piruetas...
Então só eu que vi?
Risos. Tudo aplaude. Tudo canta:

   – Aí, baiana faceira,
     Baiana do coração!
Ele tinha nos beiços sonoros beijando se rindo
Uma ruga esquecida uma ruga longínqua
Como esgar duma angústia indistinta ignorante...
Só eu pude gozá-la.
E talvez a cama de ferro curta por demais...

Carnaval...
A baiana se foi na religião do Carnaval
Como quem cumpre uma promessa.
Todos cumprem suas promessas de gozar.
Explodem roncos roucos trilos tchique-tchiques
E o falsete enguia esguia rabejando pelo aquário multicor.
Cordões de machos mulherizados,
Ingleses evadidos da pruderie,
Argentinos mascarando a admiração com desdéns superiores
Degringolando em lenga-lenga de milonga,
Polacas de indiscutível índole nagô,
Yankees fantasiados de norte-americanos...
Coiozada emproada se aturdindo turtuveando
Entre os carnavalescos de verdade
Que pererecam pararacas em derengues meneios cantigas, chinfrim
                                          [de gozar!

Tem outra raça ainda.
O mocinho vai fuçando o manacá naturalizado espanhola.
Ela se deixa bolinar na multidão compacta.
                Por engano.

Quando aproximam dos polícias
Como ela é pura conversando com as amigas!
Pobre do moço olhando as fantasias dos outros,
Pobre do solitário com chapéu caicai nos olhos!
Naturalmente é um poeta...

[...]

Senhor! Deus bom, Deus grande sobre a terra e sobre o mar,
Grande sobre a alegria e o esquecimento humano,
Vem de novo em nosso rancho, Senhor!
Tu que inventaste as asas alvinhas dos anjos
E a figura batuta de Satanás;
Tu, tão humilde e imaginoso
Que permitiste Isis guampuda nos templos do Nilo,
Que indicaste a bandeira triunfal de Dionísio pros gregos
E empinaste Tupã sobre os Andes da América...

Aleluia!
Louvemos o Criador com os sons dos saxofones arrastados,
Louvemo-Lo com os salpicos dos xilofones nítidos!
Louvemos o Senhor com os riscos dos recorrecos e os estouros do
                                                      [tam-tam,
Louvemo-Lo com a instrumentarada crespa do jazz-band!
Louvemo-Lo com os violões de cordas de tripa e as cordeonas
                                                      [imigrantes,
Louvemo-Lo com as flautas dos choros mulatos e os cavaquinhos de
                                                     [serestas ambulantes!
Louvemos O que permanece através das festanças virtuosas e dos
                                                      [gozos ilegítimos!

Louvemo-Lo sempre e sobre tudo! Louvemo-Lo com todos os
             [instrumentos e todos os ritmos!...
Vem de novo em nosso rancho, Senhor!
Descobrirei no colo dengoso da Serra do Mar
Um derrame no verde mais claro do vale,
Arrebanharei os cordões do carnaval
E pros carlitos marinheiros gigoletes e arlequins
Tu contarás de novo com tua voz que é ver o leite
Essas histórias passadas cheias de bons samaritanos,
Dessas histórias cotubas em que Madalena atapetava com os cabelos
                              [o teu chão...
... pacapacapacapão!... pacapão! pão! pão!...
Pão e circo!
Roma imperial se escarrapacha no anfiteatro da Avenida.
Os bandos passam coloridos,
Gesticulam virgens,
Semivirgens,
Virgens em todas as frações
Num desespero de gozar.

Homens soltos
Mulheres soltas
Mais duas virgens fuxicando o almofadinha
Maridos camaradas
Mães urbanas
Meninos
Meninas

Meninos
O de dois anos dormindo no colo da mãe...
– Não me aperte!
      – Desculpe, Madama!
Falsetes em desarmonia
Coros luzes serpentinas serpentinas
Coriscos coros caras colos braços serpentinas serpentinas
Matusalém cirandas Breughel
           – Diacho!
Sambas bumbos guizos serpentinas serpentinas...
E a multidão compacta se aglomera aglutina mastiga em
        [aproveitamentos brincadeiras asfixias desejadas
              [delírios sardinhas desmaios
Serpentinas serpentinas coros luzes sons
E sons!
      YAYÁ, FRUTA-DO-CONDE,
      CASTANHA-DO-PARÁ!...

                Yayá, fruta-do-conde,
                Castanha-do-Pará!...

O préstito passando.

Bandos de clarins em cavalos fogosos.
Utiaritis aritis assoprando cornetas sagradas.
Fanfarras fanfarrãs
        fenferrens
                finfirrins...
                      Forrobodó de cuia!
Vitória sobre a civilização! Que civilização?... É Baco!

É Baco num carro feito de ouro e de mulheres
E dez parelhas de bestas imorais.
Tudo aplaude guinchos berros,
E sobre o Etna de loucuras e pólvoras
Os Tenentes do Diabo.
Alegorias, críticas, paródias
Palácios bestas do fundo do mar,
Os aluguéis se elevam...
    Os senhorios exigentes...
        Cães! infames! malditos!...

... Eu enxerguei com estes meus olhos que inda a terra há-de comer
Anteontem as duas mulheres se fantasiando de lágrimas.
A mais nova amamentava o esqueletinho.
Quatro barrigudinhos sem infância,
Os trastes sem conchego
No lar-de-todos da rua...
O solzão ajudava a apoteose
Com o despejo das cores e calores...

Segue o préstito numa via-látea de esplendores.
Presa num palanquim de ônix e pórfiro...
Ôta, morena boa!
Os olhos dela têm o verde das florestas,
Todo um Brasil de escravos-banzo sensualismos,
Índios nus balanceando na terra das tabas,
Cauim curare caxiri
Cajás... Articuns... Pele de sol!
Minha vontade por você serpentinando...

O préstito se vai.

Os Blocos se amontoam me afastando de você...
Passa o Flor de Abacate,
Passa o Miséria e Fome, o Ameno Resedá...
O préstito se vai...

Você também se foi rindo pros outros,
Senhora dona ingrata
Coberta de ouro e prata...

Esfuzios de risos...
                        Arrancos de metais...
O schlschlsch monótono das serpentinas...

Monótono das serpentinas...

E a surpresa do fim: fadiga de gozar...

Claros em torno da gente.
Bolas de fitas de papel rolando pelo chão.
Manchas de asfalto.
Os corpos adquirem de novo as sombras deles.
Tem lugares no bar.
As árvores pousam de novo no chão graciosas ordenadas,
Os palácios começam de novo subindo no céu...

Quatro horas da manhã.
Nos clubes nas cavernas
Inda se ondula vagamente no maxixe.

Os corpos se unem mais.
Tem cinzas na escureza indecisa da arraiada.
Já é quarta-feira no Passeio Público.
Numa sanha final
Os varredores carnavalizam as brisas da manhã
Com poeiras perfumadas e cromáticas.
Peri triste sentou na beira da calçada.
O carro-chefe dos Democráticos
Sem a falação do estandarte
Sem vida, sem mulheres
Senil buscando o barracão.
Democraticamente...

Aurora... Tchim! Um farfalhar de plumas áureas no ar.
E as montanhas que nem tribos de guaianás em rapinas de luz
Com seus cocares de penas de tucano.

O poeta se debruça no parapeito de granito.
A rodelinha de confete cai do chapéu dele,
Vai saracotear ainda no samba mole das ondas.

Então o poeta vai deitar.

Lentamente se acalma no país das lembranças
A invasão furiosa das sensações.
O poeta sente-se mais seu.
E puro agora pelo contato de si mesmo
Descansa o rosto sobre a mão que escreverá.

Lhe embala o sono
A barulhada matinal de Guanabara...

Sinos buzinas clácsons campainhas
Apitos de oficinas
Motores bondes pregões no ar,
Carroças na rua, transatlânticos no mar...
É a cantiga de berço.
E o poeta dorme.

O poeta dorme sem necessidade de sonhar.

IMPROVISO DO MAL DA AMÉRICA
(fevereiro de 1928)

Grito imperioso de brancura em mim...

Êh coisas de minha terra, passados e formas de agora,
Êh ritmos de síncopa e cheiros lentos de sertão,
Varando contracorrente o mato impenetrável do meu ser...
Não me completam mais que um balango de tango,
Que uma reza de indiano no templo de pedra,
Que a façanha do chim comunista guerreando,
Que prantina de piá, encastoado de neve, filho de lapão.

São ecos. Mesmos ecos com a mesma insistência filtrada
Que ritmos de síncopa e cheiro do mato meu.
Me sinto branco, fatalizadamente um ser de mundos que nunca vi.
Campeio na vida a jacumã que mude a direção destas igaras fatigadas
E faça tudo ir indo de rodada mansamente
Ao mesmo rolar de rio das aspirações e das pesquisas...
Não acho nada, quase nada, e meus ouvidos vão escutar amorosos
Outras vozes de outras falas de outras raças, mais formação, mais forçura.
Me sinto branco na curiosidade imperiosa de ser.

Lá fora o corpo de São Paulo escorre vida ao guampaço dos arranha-céus,
E dança na ambição compacta de dilúvios de penetras.
Vão chegando italianos didáticos e nobres;
Vai chegando a falação barbuda de Unamuno
Emigrada pro quarto-de-hóspedes acolhedor da Sulamérica;
Bateladas de húngaros, búlgaros, russos se despejam na cidade...
Trazem vodka na sapiquá de veludo,
Detestam caninha, detestam mandioca e pimenta,
Não dançam maxixe, nem dançam catira, nem sabem amar suspirado.

E de-noite monótonos reunidos na mansarda, bancando conspiração,
As mulheres fumam feito chaminés sozinhas,
Os homens destilam vícios aldeões na catinga;
E como sempre entre eles tem sempre um que manda sempre em
    [todos,
Tudo calou de supetão, e no ar amolegado da noite que sua...
— Coro? Onde se viu agora coro a quatro vozes, minha gente! —
São coros, coros ucranianos batidos ou místicos, Sehensucht
    [d'além-mar!
Home... Sweet home... Que sejam felizes aqui!

Mas eu não posso, não, me sentir negro nem vermelho!
De certo que essas cores também tecem minha roupa arlequinal,
Mas eu não me sinto negro, mas eu não me sinto vermelho,
Me sinto só branco, relumeando caridade e acolhimento,
Purificado na revolta contra os brancos, as pátrias, as guerras, as
    [posses, as preguiças e ignorâncias!
Me sinto só branco agora, sem ar neste ar-livre da América!
Me sinto só branco, só branco em minha alma crivada de raças!

NOTURNO DE BELO HORIZONTE
(1924)

a Elísio de Carvalho

Maravilha de milhares de brilhos vidrilhos,
Calma do noturno de Belo Horizonte...
O silêncio fresco desfolha das árvores
E orvalha o jardim só.
Larguezas.
Enormes coágulos de sombra.
O polícia entre rosas...
      Onde não é preciso, como sempre...
Há uma ausência de crimes
Na jovialidade infantil do friozinho.
Ninguém.
O monstro desapareceu.
Só as árvores árvores do mato-virgem
Pendurando a tapeçaria das ramagens
Nos braços cabindas da noite.

Que luta pavorosa entre floresta e casas...
Todas as idades humanas
Macaqueadas por arquiteturas históricas
Torres torreões torrinhas e tolices
Brigaram em nome da?
Os mineiros secundam em coro:
– Em nome da civilização!
Minas progride.
Também quer ter também capital moderníssima também...
Pórticos gregos do Instituto de Rádio
Onde jamais Empédocles entrará...

O Conselho Deliberativo é manuelino,
Salão sapiente de Manuéis-da-hora...
Arcos românicos de São José
E a catedral que pretende ser gótica...
Pois tanto esquecimento da verdade!
A terra se insurgiu.

O mato invadiu o gradeado das ruas,
Bondes sopesados por troncos hercúleos,
Incêndio de Cafés,
Setas inflamadas,
Comboio de trânsfugas pro Rio de Janeiro,
A ramaria crequenta cegando as janelas
Com a poeira dura das folhagens...
Aquele homem fugiu.
A imitação fugiu.
Clareiras do Brasil, praças agrestes!...
Paz.

O mato vitorioso acampou nas ladeiras.
Suor de resinas opulentas.
Grupos de automóveis:
Baitacas e jandaias do rosal.
E o noturno apagando na sombra o artifício e o defeito
Adormece em Belo Horizonte
Como um sonho mineiro.
Tem festas do Tejuco pelo céu!
As estrelas baralham-se num estardalhaço de luzes.
O sr. barão das Catas-Altas

Reúne todas as constelações
Pra fundir uma baixela de mundos...
Bulício de multidões matizadas...
Emboabas, carijós, espanhóis de Felipe IV...
Tem baianos redondos...
Dom Rodrigo de Castel Branco partirá!...
Lumeiro festival... Gritos... Tocheiros...
O Triunfo Eucarístico abala chispeando...
Os planetas comparecem em pessoa!
Só as magnólias – que banzo dolorido! –
As carapinhas fofas polvilhadas
Com a prata da Via-Látea
Seguem pra igreja do Rosário
E pro jongo de Chico-Rei...

Estrelas árvores estrelas
E o silêncio fresco da noite deserta.
Belo Horizonte desapareceu
Transfigurada nas recordações.

[...]

Eu queria contar todas as histórias de Minas
Aos brasileiros do Brasil...

Filhos do Luso e da melancolia,
Vem, gente de Alagoas e de Mato Grosso,
De norte e sul homens fluviais do Amazonas e do rio Paraná...
E os fluminenses salinos
E os guascas e os paraenses e os pernambucanos

E os vaqueiros de couro das caatingas
E os goianos governados por meu avô...
Teutos de Santa Catarina,
Retirantes de língua seca,
Maranhenses paraibanos e do Rio Grande do Norte e do Espírito
[Santo
E do Acre, irmão caçula,
Toda a minha raça morena!
Vem, gente! vem ver o noturno de Belo Horizonte!
Sejam comedores de pimenta
Ou de carne requentada no dorso dos pigarços petiços,
Vem, minha gente!
Bebedores de guaraná e de açaí,
Chupadores do chimarrão,
Pinguços cantantes, cafezistas ricaços,
Mamíferos amamentados pelos cocos de Pindorama,
Vem, minha gente, que tem festas do Tejuco pelo céu!
Bárbara Heliodora desgrenhada louca
Dizendo versos desce a rua do Pará...
Quem conhece as ingratidões de Marília?
Juro que foi Nosso Senhor Jesus Cristo Ele mesmo
Que plantou a sua cruz no adro das capelas da serra!
Foi Ele mesmo que em São João d'El Rei
Esculpiu as imagens dos seus santos...
E há histórias também pros que duvidam de Deus...

O coronel Antônio de Oliveira Leitão era casado com dona Branca Ribeiro de Alvarenga, ambos de orgulhosa nobreza vicentina. Porém nas tardes de Vila Rica a filha deles abanava o lenço no quintal..." – "Deve ser a algum plebeu, que não há moços nobres na cidade..." E o descendente de cavaleiros e de capitães-mores não quer saber de mésalliances. O coronel Antônio de Oliveira Leitão esfaqueou a filha. Levaram-no preso à Bahia onde foi decapitado. Pois dona Branca Ribeiro do Alvarenga reuniu todos os cabedais. Mandou construir com eles uma igreja pra que Deus perdoasse as almas pecadoras do marido e da filha.

Meus brasileiros lindamente misturados,
Se vocês vierem nessa igreja dos Perdões
Rezem três ave-marias ajoelhadas
Pros dois desinfelizes.
Creio que a moça não carece muito delas
Mas ninguém sabe onde estará o coronel...
Credo!

Mas não há nada como histórias pra reunir na mesma casa...
Na Arábia por saber contar histórias
Uma mulher se salvou...
A Espanha estilhaçou-se numa poeira de nações americanas
Mas sobre o tronco sonoro da língua do ão
Portugal reuniu 22 orquídeas desiguais.
Nós somos na Terra o grande milagre do amor!

Que vergonha se representássemos apenas contingência de defesa
Ou mesmo ligação circunscrita de amor...
Porém as raças são verdades essenciais
E um elemento de riqueza humana.
As pátrias têm de ser uma expressão de Humanidade.

Separadas na guerra ou na paz são bem pobres
Bem mesquinhos exemplos de alma
Mas compreendidas juntas num amor consciente e exato
Quanta história mineira pra contar!

Não prego a guerra nem a paz, eu peço amor!
Eu peço amor em todos os seus beijos,
Beijos de ódio, de cópula ou de fraternidade.
Não prego a paz universal e eterna, Deus me livre!
Eu sempre contei com a imbecilidade vaidosa dos homens
E não me agradam os idealistas.
E temo que uma paz obrigatória
Nos fizesse esquecer o amor
Porque mesmo falando de relações de povo e povo
O amor não é uma paz
E é por amor que Deus nos deu a vida...
O amor não é uma paz, bem mais bonito que ela,
Porque é um completamento!...

Nós somos na Terra o grande milagre do amor!
E embora tão diversa a nossa vida
Dançamos juntos no carnaval das gentes,
Bloco pachola do "Custa mas vai!"

E abre alas que Eu quero passar!
Nós somos os brasileiros auriverdes!
As esmeraldas das araras
Os rubis dos colibris
Os abacaxis as mangas os cajus

Atravessam amorosamente
A fremente celebração do Universal!

Que importa uns falem mole descansado
Que os cariocas arranhem os erres na garganta
Que os capixabas e paroaras escancarem as vogais?
Que tem se o quinhentos réis meridional
Vira cinco tostões do Rio pro Norte?
Juntos formamos este assombro de misérias e grandezas,
Brasil, nome de vegetal!...

O bloco fantasiado de histórias mineiras
Move-se na avenida de seis renques de árvores...
O sol explode em fogaréus...
O dia é frio sem nuvens, de brilhos vidrilhos...
Não é dia! Não tem sol explodindo no céu!
É o delírio noturno de Belo Horizonte...
Não nos esqueçamos da cor local:
Itacolomi... *Diário de Minas*... Bonde do Calafate...
E o silêncio... sio... sio... quiriri...

Os seres e as coisas se aplainam no sono.
Três horas.
A cidade oblíqua
Depois de dançar os trabalhos do dia
Faz muito que dormiu.

Seu corpo respira de leve o aclive vagarento das ladeiras.
De longe em longe gritam solitários brilhos falsos
Perfurando o sombral das figueiras:

Berenguendens berloques ouropéis de Oropa consagrada
Que a goiana trocou pelas pepitas de ouro fino.
Dorme Belo Horizonte.
Seu corpo respira de leve o aclive vagarento das ladeiras...
Não se escuta sequer o ruído das estrelas caminhando...
Mas os poros abertos da cidade
Aspiram com sensualidade com delícia
O ar da terra elevada.
Ar arejado batido nas pedras dos morros,
Varado através da água trançada das cachoeiras,
Ar que brota nas fontes com as águas
Por toda a parte de Minas Gerais.

III. AS CONSTANTES FLUVIAIS

1. RITO DO IRMÃO PEQUENO
2. A MEDITAÇÃO SOBRE O TIETÊ

RITO DO IRMÃO PEQUENO
(1931)

a Manuel Bandeira

I

Meu irmão é tão bonito como o pássaro amarelo,
Ele acaba de nascer do escuro da noite vasta!
Meu irmão é tão bonito como o pássaro amarelo,
Eu sou feito um ladrão roubado pelo roubo que leva,
Neste anseio de fechar o sorriso da boca nascida...

Gentes, não creiam não que em meu canto haja sequer um reflexo
[de vida!
Ôh não! antes será talvez uma queixa de espírito sábio,
Aspiração do fruto mais perfeito,
Ou talvez um derradeiro refúgio para minha alma humilhada...

Me deixem num canto apenas, que seja este canto somente,
Suspirar pela vida que nasceria apenas do meu ser!
Porque meu irmão pequeno é tão bonito como o pássaro amarelo,
E eu quisera dar pra ele o sabor do meu próprio destino
A projeção de mim, a essência duma intimidade incorruptível!...

II

Vamos caçar cotia, irmão pequeno,
Que teremos boas horas sem razão,
Já o vento soluçou na arapuca do mato
E o arco-da-velha já engoliu as virgens.

Não falarei uma palavra e você estará mudo,
Enxergando na ceva a Europa trabalhar;

E o silêncio que traz a malícia do mato,
Completará o folhiço, erguendo as abusões.

E quando a fadiga enfim nos livrar da aventura,
Irmão pequeno, estaremos tão simples, tão primários,
Que os nossos pensamentos serão vastos,
Graves e naturais feito o rolar das águas.

III

Irmão pequeno, sua alma está adejando no seu corpo,
E imagino nas borboletas que são efêmeras e ativas...
Não é assim que você colherá o silêncio do enorme sol branco,
O ferrão dos carapanãs arde em você reflexos que me entristecem.

Assim você preferirá visagens, o progresso...
Você não terá paz, você não será indiferente,
Nem será religioso, você... ôh você, irmão pequeno,
Vai atingir o telefone, os gestos dos aviões,
O norte-americano, o inglês, o arranha-céu!...

Venha comigo. Por detrás das árvores, sobrado dos igapós,
Tem um laguinho fundo onde nem medra o grito do cacauê...
Junto à tocaia espinhenta das largas vitórias-régias,
Boiam os paus imóveis, alcatifados de musgo úmido, com calor...

Matemos a hora que assim mataremos a terra e com ela
Estas sombras de sumaúmas e violentos baobás,
Monstros que não são daqui e irão se arretirando.
Matemos a hora que assim mataremos as sombras sinistras,

Esta ambição de morte, que nos puxa, que nos chupa,
Guia da noite,
Guiando a noite que canta de uiara no fundo do rio.

IV

Deixa pousar sobre nós dois, irmão pequeno,
A sonolência desses enormes passados;
E mal se abra o descuido ao rolar das imagens,
A chuva há-de cair, auxiliando as enchentes.

Sob a jaqueira no barranco ao pé da sombra
As pedras e as raízes sossegadas apodrecem.
Havemos de escutar o som da fruta caindo n'água,
E perceber em toda essa fraca indigência,
A luminosa vaga imperecível lentidão.

V

Há o sarcástico predomínio das matérias
Com seu enorme silêncio sufocando os espíritos do ar...
Será preciso contemplá-las, e a paciência,
Irmão pequeno, é que entreabre as melhores visões.

Nos dias em que o sol exorbita esse branco
Que enche as almas e reflete branqueando a solidão da ipueira,
Havemos de sacrificar os bois pesados.
O sangue lerdo escorre das marombas sobre a água do rio,
E catadupa reacendido o crime das piranhas.

Só isso deixará da gente o mundo tão longínquo...
As nossas almas se afastam escutando o segredo parvo,
E o branco penetra em nós que nem a inexistência incomparável.

VI

Chora, irmão pequeno, chora,
Porque chegou o momento da dor.
A própria dor é uma felicidade...

Escuta as árvores fazendo a tempestade berrar.
Valoriza contigo bem estes instantes
Em que a dor, o sofrimento, feito vento,
São consequências perfeitas
Das nossas razões verdes,
Da exatidão misteriosíssima do ser.

Chora, irmão pequeno, chora,
Cumpre a tua dor, exerce o rito da agonia.
Porque cumprir a dor é também cumprir o seu próprio destino:
É chegar àquela coincidência vegetal
Em que as árvores fazem a tempestade berrar,
Como elementos da criação, exatamente.

VII

O acesso já passou. Nada trepida mais e uma acuidade gratuita
Cria preguiças nos galhos, com suas cópulas lentíssimas.
Volúpia de ser a blasfêmia contra as felicidades parvas do homem...
São deuses...

Mas nós blefamos esses deuses desejosos de futuro,
Nós blefamos a punição europeia dos pecados originais.

Ouça. Por sobre o mato, encrespado nas curvas da terra,
Por aí tudo, o calor anda em largado silêncio,
Ruminando o murmulho do rio, como um frouxo cujubim.

Na vossa leve boca o suspiro gerou uma abelha.
É o momento, surripiando mel pras colmeias da noite incerta.

VIII

O asilo é em pleno mato, cercado de troncos negros
Em que a água deixa um ólio eterno e um som,
Só uma picada fere a terra e leva ao porto,
Onde entre moscas jaz uma pele de uiara a secar.

As maqueiras se abanam com lerdeza,
Enquanto à voz do cotcho uma toada se esvai.
Ela foi embora e nós ficamos. Não há nada.
Nem a inquieta visão dessa curiosidade que se foi.

IX

A cabeça desliza com doçura,
E nas pálpebras entrecerradas
Vaga uma complacência extraordinária.

É pleno dia. O ar cheira a passarinho.
O lábio se dissolve em açúcares breves,
O zumbido da mosca embalança de sol.

... Assurbanipal...
A alma, à vontade,
Se esgueira entre as bulhas gratuitas,
Deixa a felicidade ronronar.

Vamos, irmão pequeno, entre palavras e deuses,
Exercer a preguiça, com vagar.

X

A enchente que cava margem,
Roubou os barcos do porto,
A água brota em nosso joelho
Delícias de solidão.

Trepados na castanheira
Viveremos sossegados
Enquanto a terra for mar;
Pauí-Pódole virá
Nas horas de Deus trazer
A estrela, a umidade, o aipim.

E quando a terra for terra,
Só nós dois, e mais ninguém,
De mim nascerão os brancos,
De você, a escuridão.

A MEDITAÇÃO SOBRE O TIETÊ

(30 de novembro de 1944 a 12 de fevereiro de 1945)

>Água do meu Tietê,
>Onde me queres levar?
>— Rio que entras pela terra
>E que me afastas do mar...

É noite. E tudo é noite. Debaixo do arco admirável
Da Ponte das Bandeiras o rio
Murmura num banzeiro de água pesada e oliosa.
É noite e tudo é noite. Uma ronda de sombras,
Soturnas sombras, enchem de noite tão vasta
O peito do rio, que é como se a noite fosse água,
Água noturna, noite líquida, afogando de apreensões
As altas torres do meu coração exausto. De repente
O ólio das águas recolhe em cheio luzes trêmulas,
É um susto. E num momento o rio
Esplende em luzes inumeráveis, lares, palácios e ruas,
Ruas, ruas, por onde os dinossauros caxingam
Agora, arranha-céus valentes donde saltam
Os bichos blau e os punidores gatos verdes,
Em cânticos, em prazeres, em trabalhos e fábricas,
Luzes e glória. É a cidade... É a emaranhada forma
Humana corrupta da vida que muge e se aplaude.
E se aclama e se falsifica e se esconde. E deslumbra.
Mas é um momento só. Logo o rio escurece de novo,
Está negro. As águas oliosas e pesadas se aplacam
Num gemido. Flor. Tristeza que timbra um caminho de morte.
É noite. E tudo é noite. E o meu coração devastado
É um rumor de germes insalubres pela noite insone e humana.

Meu rio, meu Tietê, onde me levas?
Sarcástico rio que contradizes o curso das águas
E te afastas do mar e te adentras na terra dos homens,
Onde me queres levar?...
Por que me proíbes assim praias e mar, por que
Me impedes a fama das tempestades do Atlântico
E os lindos versos que falam em partir e nunca mais voltar?
Rio que fazes terra, húmus da terra, bicho da terra,
Me induzindo com a tua insistência turrona paulista
Para as tempestades humanas da vida, rio, meu rio!...

Já nada me amarga mais a recusa da vitória
Do indivíduo, e de me sentir feliz em mim.
Eu mesmo desisti dessa felicidade deslumbrante,
E fui por tuas águas levado,
A me reconciliar com a dor humana pertinaz,
E a me purificar no barro dos sofrimentos dos homens.
Eu que decido. E eu mesmo me reconstituí árduo na dor
Por minhas mãos, por minhas desvividas mãos, por
Estas minhas próprias mãos que me traem,
Me desgastaram e me dispersaram por todos os descaminhos,
Fazendo de mim uma trama onde a aranha insaciada
Se perdeu em cisco e pólen, cadáveres e verdades e ilusões.

Mas porém, rio, meu rio, de cujas águas eu nasci,
Eu nem tenho direito mais de ser melancólico e frágil,
Nem de me estrelar nas volúpias inúteis da lágrima!
Eu me reverto às tuas águas espessas de infâmias,
Oliosas, eu, voluntariamente, sofregamente, sujado

De infâmias, egoísmos e traições. E as minhas vozes,
Perdidas do seu tenor, rosnam pesadas e oliosas,
Varando terra adentro no espanto dos mil futuros,
À espera angustiada do ponto. Não do meu ponto final!
Eu desisti! Mas do ponto entre as águas e a noite,
Daquele ponto leal à terrestre pergunta do homem,
De que o homem há-de nascer.

Eu vejo, não é por mim, o meu verso tomando
As cordas oscilantes da serpente, rio.
Toda a graça, todo o prazer da vida se acabou.
Nas tuas águas eu contemplo o Boi Paciência
Se afogando, que o peito das águas tudo soverteu.
Contágios, tradições, brancuras e notícias,
Mudo, esquivo, dentro da noite, o peito das águas, fechado, mudo,
Mudo e vivo, no despeito estrídulo que me fustiga e devora.

Destino, predestinações... meu destino. Estas águas
Do meu Tietê são abjetas e barrentas,
Dão febre, dão a morte decerto, e dão garças e antíteses.
Nem as ondas das suas praias cantam, e no fundo
Das manhãs elas dão gargalhadas frenéticas,
Silvos de tocaias e lamurientos jacarés.
Isto não são as águas que se beba, conhecido, isto são
Águas do vício da terra. Os jabirus e os socós
Gargalham depois morrem. E as antas e os bandeirantes e os ingás,
Depois morrem. Sobra não. Nem sequer o Boi Paciência
Se muda não. Vai tudo ficar na mesma, mas vai!... e os corpos
Podres envenenam estas águas completas no bem e no mal.

Isto não são águas que se beba, conhecido! Estas águas
São malditas e dão morte, eu descobri! e é por isso
Que elas se afastam dos oceanos e induzem à terra dos homens,
Paspalhonas. Isto não são águas que se beba, eu descobri!
E o meu peito das águas se esborrifa, ventarrão vem, se encapela
Engruvinhado de dor que não se suporta mais.

Me sinto o Pai Tietê! ôh força dos meus sovacos!
Cio de amor que me impede, que destrói e fecunda!
Nordeste de impaciente amor sem metáforas,
Que se horroriza e enraivece de sentir-se
Demagogicamente tão sozinho! Ôh força!
Incêndio de amor estrondante, enchente magnânima que me inunda,
Me alarma e me destroça, inerme por sentir-me
Demagogicamente tão só!

A culpa é tua, Pai Tietê? A culpa é tua
Se as tuas águas estão podres de fel
E majestade falsa? A culpa é tua
Onde estão os amigos? onde estão os inimigos?
Onde estão os pardais? e os teus estudiosos e sábios, e
Os iletrados?
Onde o teu povo? e as mulheres! dona Hircenuhdis Quiroga!
E os Prados e os crespos e os pratos e os barbas e os gatos e os línguas
Do Instituto Histórico e Geográfico, e os mu-
seus e a Cúria, e os senhores chantres reverendíssimos,
Celso nihil estate varíolas gide memoriam,
Calípedes flogísticos e a Confraria Brasiliense e *Clima*
E os jornalistas e os trustkistas e a Light e as

Novas ruas abertas e a falta de habitações e
Os mercados?... E a tiradeira divina de Cristo!...

Tu és Demagogia. A própria vida abstrata tem vergonha
De ti em tua ambição fumarenta.
És demagogia em teu coração insubmisso.
És demagogia em teu desequilíbrio anticéptico
E antiuniversitário.
És demagogia. Pura demagogia.
Demagogia pura. Mesmo alimpada de metáforas.
Mesmo irrespirável de furor na fala reles:
Demagogia.
Tu és enquanto tudo é eternidade e malvasia:
Demagogia.
Tu és em meio à (crase) gente pia:
Demagogia.
És tu jocoso enquanto o ato gratuito se esvazia:
Demagogia.
És demagogia, ninguém chegue perto!
Nem Alberto, nem Adalberto nem Dagoberto
Esperto Ciumento Peripatético e Ceci
E Tancredo e Afrodísio e também Armida
E o próprio Pedro e também Alcibíades,
Ninguém te chegue perto, porque tenhamos o pudor,
O pudor do pudor, sejamos verticais e sutis, bem
Sutis!... E as tuas mãos se emaranham lerdas,
E o Pai Tietê se vai num suspiro educado e sereno,
Porque és demagogia e tudo é demagogia.

Olha os peixes, demagogo incivil! Repete os carcomidos peixes!
São eles que empurram as águas e as fazem servir de alimento
Às areias gordas da margem. Olha o peixe dourado sonoro,
Esse um é presidente, mantém faixa de crachá no peito,
Acirculado de tubarões que escondendo na fuça rotunda
O perrepismo dos dentes, se revezam na rota solene,
Languidamente presidenciais. Ei-vem o tubarão-martelo
E o lambari-spitfire. Ei-vem o boto-ministro.
Ei-vem o peixe-boi com as mil mamicas imprudentes,
Perturbado pelos golfinhos saltitantes e as tabaranas
Em zás-trás dos guapos Pêdêcês e Guaporés.
Eis o peixe-baleia entre os peixes muçuns lineares,
E os bagres do lodo oliva e bilhões de peixins japoneses;
Mas és asnático o peixe-baleia e vai logo encalhar na margem,
Pois quis engolir a própria margem, confundido pela facheada.
Peixes aos mil e mil, como se diz, brincabrincando
De dirigir a corrente, com ares de salva-vidas.
E lá vem por debaixo e por de-banda os interrogativos peixes
Internacionais, uns rubicundos sustentados de mosca,
E os espadartes a trote chique, esses são espadartes! e as duas
Semanas Santas se insultam e odeiam, na lufa-lufa de ganhar
No bicho o corpo do Crucificado. Mas as águas,
As águas choram baixas num murmúrio lívido, e se difundem
Tecidas de peixe e abandono, na mais incompetente solidão.

Vamos, Demagogia! eia! sus! aceita o ventre e investe!
Berra de amor humano impenitente,
Cega, sem lágrima, ignara, colérica, investe!
Um dia hás-de ter razão contra a ciência e a realidade,

E contra os fariseus e as lontras luzidias.
E contra os guarás e os elogiados. E contra todos os peixes.
E também os mariscos, as ostras e os trairões fartos de equilíbrio e
Pundhonor.
   Pum d'honor.
      Quedê as Juvenilidades Auriverdes!
Eu tenho medo... Meu coração está pequeno, é tanta
Essa demagogia, é tamanha,
Que eu tenho medo de abraçar os inimigos,
Em busca apenas dum sabor,
Em busca dum olhar,
Um sabor, um olhar, uma certeza...

É noite... Rio! meu rio! meu Tietê!
É noite muito!... As formas... Eu busco em vão as formas
Que me ancorem num porto seguro na terra dos homens.
É noite e tudo é noite. O rio tristemente
Murmura num banzeiro de água pesada e oliosa.
Água noturna, noite líquida... Augúrios mornos afogam
As altas torres do meu exausto coração.
Me sinto esvair no apagado murmulho das águas.
Meu pensamento quer pensar, flor, meu peito
Quereria sofrer, talvez (sem metáfora) uma dor irritada...
Mas tudo se desfaz num choro de agonia
Plácida. Não tem formas nessa noite, e o rio
Recolhe mais esta luz, vibra, reflete, se aclara, refulge,
E me larga desarmado nos transes da enorme cidade.

Se todos esses dinossauros imponentes de luxo e diamante,
Vorazes de genealogias e de arcanos,

Quisessem reconquistar o passado...
Eu me vejo sozinho, arrastando sem músculo
A cauda do pavão e mil olhos de séculos,
Sobretudo os vinte séculos de anticristianismo
Da por todos chamada Civilização Cristã...
Olhos que me intrigam, olhos que me denunciam,
Da cauda do pavão, tão pesada e ilusória.
Não posso continuar mais, não tenho, porque os homens
Não querem me ajudar no meu caminho.
Então a cauda se abriria orgulhosa e reflorescente
De luzes inimagináveis e certezas...
Eu não seria tão somente o peso deste meu desconsolo,
A lepra do meu castigo queimando nesta epiderme
Que encurta, me encerra e me inutiliza na noite,
Me revertendo minúsculo à advertência do meu rio.
Escuto o rio. Assunto estes balouços em que o rio
Murmura num banzeiro. E contemplo
Como apenas se movimenta escravizada a torrente,
E rola a multidão. Cada onda que abrolha
E se mistura no rolar fatigado é uma dor. E o surto
Mirim dum crime impune.

Vem de trás o estirão. É tão soluçante e tão longo,
E lá na curva do rio vêm outros estirões e mais outros,
E lá na frente são outros, todos soluçantes e presos
Por curvas que serão sempre apenas as curvas do rio.
Há-de todos os assombros, de todas as purezas e martírios
Nesse rolo torvo das águas. Meu Deus! meu
Rio! como é possível a torpeza da enchente dos homens!

Quem pode compreender o escravo macho
E multimilenar que escorre e sofre, e mandado escorre
Entre injustiça e impiedade, estreitado
Nas margens e nas areias das praias sequiosas?
Elas bebem e bebem. Não se fartam, deixando com desespero
Que o resto do galé aquoso ultrapasse esse dia,
Pra ser represado e bebido pelas outras areias
Das praias adiante, que também dominam, aprisionam e mandam
A trágica sina do rolo das águas, e dirigem
O leito impassível da injustiça e da impiedade.
Ondas, a multidão, o rebanho, o rio, meu rio, um rio
Que sobe! Fervilha e sobe! E se adentra fatalizado, e em vez
De ir se alastrar arejado nas liberdades oceânicas,
Em vez se adentra pela terra escura e ávida dos homens,
Dando sangue e vida a beber. E a massa líquida
Da multidão onde tudo se esmigalha e se iguala,
Rola pesada e oliosa, e rola num rumor surdo,
E rola mansa, amansada imensa eterna, mas
No eterno imenso rígido canal da estulta dor.

Por que os homens não me escutam! Por que os governadores
Não me escutam? Por que não me escutam
Os plutocratas e todos os que são chefes e são fezes?
Todos os donos da vida?
Eu lhes daria o impossível e lhes daria o segredo,
Eu lhes dava tudo aquilo que fica pra cá do grito
Metálico dos números, e tudo
O que está além da insinuação cruenta da posse.
E se acaso eles protestassem, que não! que não desejam

A borboleta translúcida da humana vida, porque preferem
O retrato a ólio das inaugurações espontâneas,
Com béstias do operário e do oficial, imediatamente inferior,
E palminhas, e mais os sorrisos das máscaras e a profunda comoção,
Pois não! Melhor que isso eu lhes dava uma felicidade deslumbrante
De que eu consegui me despojar porque tudo sacrifiquei.
Sejamos generosíssimos. E enquanto os chefes e as fezes
De mamadeira ficassem na creche de laca e lacinhos,
Ingênuos brincando de felicidade deslumbrante:
Nós nos iríamos de camisa aberta ao peito,
Descendo verdadeiros ao léu da corrente do rio,
Entrando na terra dos homens ao coro das quatro estações.

Pois que mais uma vez eu me aniquilo sem reserva,
E me estilhaço nas fagulhas eternamente esquecidas,
E me salvo no eternamente esquecido fogo de amor...
Eu estalo de amor e sou só amor arrebatado
Ao fogo irrefletido do amor.
... eu já amei sozinho comigo; eu já cultivei também
O amor do amor, Maria!
E a carne plena da amante, e o susto vário
Da amiga, e a confidência do amigo... Eu já amei
Contigo, Irmão Pequeno, no exílio da preguiça elevada, escolhido
Pelas águas do túrbido rio do Amazonas, meu outro sinal.
E também, ôh também! na mais impávida glória
Descobridora da minha inconstância e aventura,
Desque me fiz poeta e fui trezentos, eu amei
Todos os homens, odiei a guerra, salvei a paz!
E eu não sabia! Eu bailo de ignorâncias inventivas,

E a minha sabedoria vem das fontes que eu não sei!
Quem move meu braço? Quem beija por minha boca?
Quem sofre e se gasta pelo meu renascido coração?
Quem? senão o incêndio nascituro do amor?...
Eu me sinto grimpado no arco da Ponte das Bandeiras,
Bardo mestiço, e o meu verso vence a corda
Da caninana sagrada, e afina com os ventos dos ares, e enrouquece
Úmido nas espumas da água do meu rio,
E se espatifa nas dedilhações brutas do incorpóreo Amor.

Por que os donos da vida não me escutam?
Eu só sei que eu não sei por mim! sabem por mim as fontes
Da água, e eu bailo de ignorâncias inventivas.
Meu baile é solto como a dor que range, meu
Baile é tão vário que possui mil sambas insonhados!
Eu converteria o humano crime num baile mais denso
Que estas ondas negras de água pesada e oliosa,
Porque os meus gestos e os meus ritmos nascem
Do incêndio puro do amor... Repetição. Primeira voz sabida, o Verbo.
Primeiro troco. Primeiro dinheiro vendido. Repetição logo ignorada.
Como é possível que o amor se mostre impotente assim
Ante o ouro pelo qual o sacrificam os homens,
Trocando a primavera que brinca na face das terras,
Pelo outro tesouro que dorme no fundo baboso do rio!

É noite! é noite!... E tudo é noite! E os meus olhos são noite!
Eu não enxergo sequer as barcaças na noite.
Só a enorme cidade. E a cidade me chama e pulveriza,
E me disfarça numa queixa flébil e comedida,

Onde irei encontrar a malícia do Boi Paciência
Redivivo. Flor. Meu suspiro ferido se agarra,
Não quer sair, enche o peito de ardência ardilosa,
Abre o olhar, e o meu olhar procura, flor, um tilintar
Nos ares, nas luzes longe, no peito das águas,
No reflexo baixo das nuvens.

São formas... Formas que fogem, formas
Indivisas, se atropelando, um tilintar de formas fugidias
Que mal se abrem, flor, se fecham, flor, flor, informes, inacessíveis,
Na noite. E tudo é noite. Rio, o que eu posso fazer!...
Rio, meu rio... mas porém há-de haver com certeza
Outra vida melhor do outro lado de lá
Da serra! E hei-de guardar silêncio!
O que eu posso fazer!... hei-de guardar silêncio
Deste amor mais perfeito do que os homens?...

Estou pequeno, inútil, bicho da terra, derrotado.
No entanto eu sou maior... Eu sinto uma grandeza infatigável!
Eu sou maior que os vermes e todos os animais.
E todos os vegetais. E os vulcões vivos e os oceanos,
Maior... Maior que a multidão do rio acorrentado,
Maior que a estrela, maior que os adjetivos,
Sou homem! vencedor das mortes, bem-nascido além dos dias,
Transfigurado além das profecias!

Eu recuso a paciência, o boi morreu, eu recuso a esperança.
Eu me acho tão cansado em meu furor.
As águas apenas murmuram hostis, água vil mas turrona paulista

Que sobe e se espraia, levando as auroras represadas
Para o peito dos sofrimentos dos homens.
... e tudo é noite. Sob o arco admirável
Da Ponte das Bandeiras, morta, dissoluta, fraca,
Uma lágrima apenas, uma lágrima,
Eu sigo alga escusa nas águas do meu Tietê.

IV. POESIA DE ENTUSIASMO

AS ENFIBRATURAS DO IPIRANGA
Oratório profano

>*O, woe is me*
>*To have seen what I have seen, see what I see!*
>**Shakespeare**

DISTRIBUIÇÃO DAS VOZES:

OS ORIENTALISMOS CONVENCIONAIS — (*escritores e demais artífices elogiáveis*) — Largo, imponente coro afinadíssimo de sopranos, contraltos, barítonos, baixos.
AS SENECTUDES TREMULINAS — (*milionários e burgueses*) — Coro de sopranistas.
OS SANDAPILÁRIOS INDIFERENTES — (*operariado, gente pobre*) — Barítonos e baixos.
AS JUVENILIDADES AURIVERDES — (*nós*) — Tenores, sempre tenores! Que o diga Walter von Stolzing!
MINHA LOUCURA — Soprano ligeiro. Solista.
Acompanhamento de orquestra e banda.

Local de execução: a esplanada do Teatro Municipal. Banda e orquestra colocadas no terraplano que tomba sobre os jardins. São perto de cinco mil instrumentistas dirigidos por maestros... vindos do estrangeiro. Quando a solista canta há silêncio orquestral — salvo nos casos propositadamente mencionados. E, mesmo assim, os instrumentos que então ressoam, fazem-no a contragosto dos maestros. Nos coros dos ORIENTALISMOS CONVENCIONAIS a banda junta-se à orquestra. É um *tutti* formidando.

Quando cantam as JUVENILIDADES AURIVERDES (há naturalmente falta de ensaios) muitos instrumentos silenciam. Alguns desafinam.

Outros partem as cordas. Só aguentam o *rubato* lancinante violinos, flautas, clarins, a bateria e mais borés e maracás.

OS ORIENTALISMOS CONVENCIONAIS estão nas janelas e terraços do Teatro Municipal. AS SENECTUDES TREMULINAS disseminaram-se pelas sacadas do Automóvel Clube, da Prefeitura, da Rôtisserie, da Tipografia Weisflog, do Hotel Carlton e mesmo da Livraria Alves, ao longe. OS SANDAPILÁRIOS INDIFERENTES berram do Viaduto do Chá. Mas AS JUVENILIDADES AURIVERDES estão embaixo, nos parques do Anhangabaú, com os pés enterrados no solo. MINHA LOUCURA no meio delas.

NA AURORA DO NOVO DIA

PRELÚDIO

As caixas anunciam a arraiada. Todos os 550.000 cantores concertam apressadamente as gargantas e tomam fôlego com exagero, enquanto os borés, as trompas, o órgão, cada timbre por sua vez, entre largos silêncios reflexivos, enunciam, sem desenvolvimento, nem harmonização o tema: *"Utilius est saepe et securius quod homo non habeat multas consolationes in hāc vitā"*.

E começa o oratório profano, que teve por nome

AS ENFIBRATURAS DO IPIRANGA

AS JUVENILIDADES AURIVERDES

                                                    (pianíssimo)

Nós somos as Juvenilidades Auriverdes!
As franjadas flâmulas das bananeiras,
as esmeraldas das araras,
os rubis dos colibris,
os lirismos dos sabiás e das jandaias,
os abacaxis, as mangas, os cajus
almejam localizar-se triunfantemente,
na fremente celebração do Universal!...
Nós somos as Juvenilidades Auriverdes!
As forças vivas do torrão natal,
as ignorâncias iluminadas,
os novos sóis luscofuscolares
entre os sublimes das dedicações!...
Todos para a fraterna música do Universal!
Nós somos as Juvenilidades Auriverdes!

OS SANDAPILÁRIOS INDIFERENTES

                                      (num estampido preto)

Vá de rumor! Vá de rumor!
Esta gente não nos deixa mais dormir!
Antes *E lucevan le stelle* de Puccini!
Oh! pé de anjo, pé de anjo!
Fora! Fora o que é de despertar!

(A orquestra num crescendo cromático
de contrabaixos anuncia...)

OS ORIENTALISMOS CONVENCIONAIS

Somos os Orientalismos Convencionais!
Os alicerces não devem cair mais!
Nada de subidas ou de verticais!
Amamos as chatezas horizontais!
Abatemos perobas de ramos desiguais!
Odiamos as matinadas arlequinais!
Viva a Limpeza Pública e os hábitos morais!
Somos os Orientalismos Convencionais!

Deve haver Von Iherings para todos os tatus!
Deve haver Vitais Brasis para os urutus!
Mesmo peso de feijão em todos os tutus!
Só é nobre o passo dos jabirus!
Há estilos consagrados para os Pacaembus!
Que os nossos antepassados foram homens de truz!
Não lhe bastam velas? Para que mais luz!

Temos nossos coros só no tom de dó!
Para os desafinados, doutrina de cipó!
Usamos capas de seda, é só escovar o pó!
Diariamente à mesa temos mocotó!
Per omnia saecula saeculorum moinhos terão mó!
Anualmente de sobrecasaca, não de paletó,
vamos visitar o esqueleto de nossa grande Avó!
Glória aos Iguais! Um é todos! Todos são um só!
Somos os Orientalismos Convencionais!

AS JUVENILIDADES AURIVERDES
(perturbadas com o fabordão, recomeçam mais alto, incertas)

Magia das alvoradas entre magnólias e rosas...
Apelos do estelário visível aos alguéns...
– Pão de Ícaros sobre a toalha estática do azul!
Os tuins esperanças das nossas ilusões!
Suaviloquências entre as deliquescências
dos sáfaros, aos raios do maior solar!...
Sobracemos as muralhas! Investe com os cardos!
Rasga-te nos acúleos! Tomba sobre o chão!
Hão-de vir valquírias para os olhos-fechados!
Anda! Não pares nunca! Aliena o duvidar
e as vacilações perpetuamente!

AS SENECTUDES TREMULINAS

(tempo de minuete)

Quem são estes homens?
Maiores menores
Como é bom ser rico!
Maiores menores
Das nossas poltronas
Maiores menores
olhamos as estátuas
Maiores menores
do signor Ximenes
– o grande escultor!

Só admiramos os célebres
e os recomendados também!
Quem tem galeria
terá um Bouguereau!
Assinar o Lírico?
Elegância de preceito!
Mas que paulificância
Maiores menores
o *Tristão e Isolda*!
Maiores menores

Preferimos os coros
dos Orientalis-
mos Convencionais!
Depois os sanchismos
(Ai! gentes, que bom!)
da alta madrugada
no largo do Paiçandu!

Alargar as ruas...
E as Instituições?
Não pode! Não pode!
Maiores menores
Mas não há quem diga
Maiores menores
quem são esses homens
que cantam do chão?

(a orquestra súbito emudece, depois
duma grande gargalhada de timbales)

MINHA LOUCURA

(recitativo e balada)

Dramas da luz do luar no segredo das frestas
perquirindo as escuridões...
A traição das mordaças!
E a paixão oriental dissolvida no mel!...

Estas marés da espuma branca
e a onipotência intransponível dos rochedos!
Intransponivelmente! Oh!...
A minha voz tem dedos muito claros
que vão roçar nos lábios do Senhor;
mas as minhas tranças muito negras
emaranharam-se nas raízes do jacarandá...

Os cérebros das cascatas marulhantes
e o benefício das manhãs serenas do Brasil!

(grandes glissandos de harpa)

Estas nuvens da tempestade branca
e os telhados que não deixam a chuva batizar!
Propositadamente! Oh!...
Os meus olhos têm beijos muito verdes
que vão cair às plantas do Senhor;
mas as minhas mãos muito frágeis
apoiaram-se nas faldas do Cubatão...

Os cérebros das cascatas marulhantes
e o benefício das manhãs solenes do Brasil

                                                                   (notas longas de trompas)

Estas espigas da colheita branca
e os escalrachos roubando a uberdade!
Enredadamente! Oh!...
Os meus joelhos têm quedas muito crentes
que vão bater no peito do Senhor;
mas os meus suspiros muito louros
entreteceram-se com a rama dos cafezais...

Os cérebros das cascatas marulhantes
e o benefício das manhãs gloriosas do Brasil!

                                                            (harpas, trompas, órgão)

[...]

ODE AO BURGUÊS

Eu insulto o burguês! O burguês-níquel,
o burguês-burguês!
A digestão bem-feita de São Paulo!
O homem-curva! o homem-nádegas!
O homem que sendo francês, brasileiro, italiano,
é sempre um cauteloso pouco-a-pouco!

Eu insulto as aristocracias cautelosas!
Os barões lampiões! os condes Joões! os duques zurros!
que vivem dentro de muros sem pulos;
e gemem sangues de alguns milréis fracos
para dizerem que as filhas da senhora falam o francês
e tocam o *Printemps* com as unhas!

Eu insulto o burguês-funesto!
O indigesto feijão com toucinho, dono das tradições!
Fora os que algarismam os amanhãs!
Olha a vida dos nossos setembros!
Fará sol? Choverá? Arlequinal!
Mas à chuva dos rosais
o êxtase fará sempre sol!

Morte à gordura!
Morte às adiposidades cerebrais!
Morte ao burguês-mensal!
ao burguês-cinema! Ao burguês-tílburi!
Padaria Suíça! Morte viva ao Adriano!
"– Ai, filha, que te darei pelos teus anos?
– Um colar... – Conto e quinhentos!!!
Mas nós morremos de fome!"

Come! Come-te a ti mesmo, oh! gelatina pasma!
Oh! purée de batatas morais!
Oh! cabelos nas ventas! oh! carecas!
Ódio aos temperamentos regulares!
Ódio aos relógios musculares! Morte e infâmia!
Ódio à soma! Ódio aos secos e molhados!
Ódio aos sem desfalecimentos nem arrependimentos,
sempiternamente as mesmices convencionais!
De mãos nas costas! Marco eu o compasso! Eia!
Dois a dois! Primeira posição! Marcha!
Todos para a Central do meu rancor inebriante!

Ódio e insulto! Ódio e raiva! Ódio e mais ódio!
Morte ao burguês de giolhos,
cheirando religião e que não crê em Deus!
Ódio vermelho! Ódio fecundo! Ódio cíclico!
Ódio fundamento, sem perdão!

Fora! Fu! Fora o bom burguês!...

CAFÉ
Tragédia coral em três atos

(2º ato)
Segunda cena

III
CORAL DA VIDA

(Agora vêm chegando os casais. Estão fatigados e ardentes. Sérios. Aos pares. Os solteiros logo se afinam com os recém-chegados que também se arrancham por aí na espera do trem. Há como que uma intensificação ardente de vida em todos. A tarde está se avermelhando.)

CASADOS E SOLTEIROS (coral misto a quatro vozes):

Cafezal grande na calma fatigada da tarde...

Uns homens de fala vagarenta e de nariz furão
Conquistaram estas paisagens, os chãos mais felizes da terra
Para sobre eles plantar o oceano da esmeralda
E eu vim à chama vermelha do grão pequenino.

Porém no princípio dos chãos está postada a cidade terrível
Grandiosa e carrancuda, histórica e completa
Cheia de passado e futuro, inimiga cinzenta do estranho,
Dona das sete doenças irascíveis do frio.
No seu rumor resmungam as animosidades desconfiadas
Dos seus bueiros brota o sentimento da solidão.
A cidade terrível repudiou o mar facílimo
E se escanchou grimpada no penedo mais alto de serra-acima
Gritando a todos o seu gélido e agressivo Quem vem lá!

Eco, fora de cena:
— Quem vem láááaa!...

[CASADOS E SOLTEIROS]:

Mas eu penetrei na cidade inimiga e os meus pés não queriam andar
[de saudade
E a Terrível riu seu riso de garoa pervertida
E me fez punir as sete provas.
Ela me fez passar pelas sete provas da promissão.

A primeira foi obedecer mas eu me opus.
A segunda foi mandar e então eu obedeci.
A terceira foi sonhar mas eu me equilibrei num pé só e não dormi.
A quarta e a quinta foram roubar e matar
Mas eu, cheio da fragilidade, beijei de mãos abertas.
A sexta, a mais infamante de todas, foi ignorar.
Mas eu, chorando, provei o pó amargo da rua e lembrei.
Então a cidade insidiosa, cheia de música e festa,
Passou a mão de bruma nos meus olhos, me convidando a esquecer.
Mas eu com uma rosa roubada na abertura da camisa
Gritei no eco do mundo: Eu sou!

Eco, fora de cena:
— Eu sooooooou!... Eu sooooooooooooou!...

[CASADOS E SOLTEIROS]:

Pois então a cidade se fez mãe e eu descansei nela uma noite e um dia.
Ela é a mãe do trabalho, mãe do pensamento,

Ela é a mãe carinhosa do lar fechadinho bem quente
E nas suas noites graves todos dormem sem sonhar.

Só na lucidez do seu frio ácido
Só nela se pode beber o vinho generoso de corpo grosso
Só nela é permitido bailar sem vertigem
Só nela é possível querer sem miragem
Só nela, feiosa e leal, se erriça na boca do homem
O sal da verdade da hora
Sem se tornar salobro à glória do passado.

E depois que eu descansei a noite e o dia
A cidade me levou para os chãos mais felizes da terra
Onde tudo é carícia no seio dos morros mansos
Onde o calor é ouro no dia coroado por noites de prata.

Ôh cafezal! cafezal grande na mágoa sangrenta da tarde
Gosto de um tempo acabado, será permitido sonhar?...

Raça culpada, raça envilecida maldita,
Os gigantes da mina com os seus anões ensinados
Traíram a cidade e os chãos felizes.
E tudo foi, tudo será desilusão constante
Enquanto não nascer do enxurro da cidade
O Homem Zangado, o herói do coração múltiplo,
O justiçador moreno, o esmurrador com mil punhos
Amassando os gigantes da mina e peidando para os anões.

O urro da tempestade acorda no seio alarmado do horizonte
De cada planta o cafezal destila o veneno grosso do ódio.

Em cada mão comichona a volúpia da morte.
O meu passo deixou rastro de sangue no caminho,
O céu se embebedou de sangue, o meu suor cheira sangue.

O herói vingador já nasceu do enxurro das cidades.
Ele é todo encarnado, tem mil punhos, o olhar implacável
Todo ele comichona impaciente no desejo voluptuoso da morte.
Neste instante ele está vestindo a armadura de ouro e prata
O seu chapéu de aba larga é levantado na frente
Ele tem uma estrela de verdade bem na testa
Ele tem um corisco no sapato
E um coração humano no lugar do coração.
[...]

V. BIOGRAFIA

(Eu e contra eu)

EU SOU TREZENTOS...

(7 de junho de 1929)

Eu sou trezentos, sou trezentos-e-cinquenta,
As sensações renascem de si mesmas sem repouso,
Ôh espelhos, ôh Pireneus! ôh caiçaras!
Se um deus morrer, irei no Piauí buscar outro!

Abraço no meu leito as melhores palavras,
E os suspiros que dou são violinos alheios;
Eu piso a terra como quem descobre a furto
Nas esquinas, nos táxis, nas camarinhas seus próprios beijos!

Eu sou trezentos, sou trezentos-e-cinquenta,
Mas um dia afinal me encontrarei comigo...
Tenhamos paciência, andorinhas curtas,
Só o esquecimento é que condensa,
E então minha alma servirá de abrigo.

QUARENTA ANOS
(27 de dezembro de 1933)

A vida é para mim, está se vendo,
Uma felicidade sem repouso;
Eu nem sei mais se gozo, pois que o gozo
Só pode ser medido em se sofrendo.

Bem sei que tudo é engano, mas sabendo
Disso, persisto em me enganar... Eu ouso
Dizer que a vida foi o bem precioso
Que eu adorei. Foi meu pecado... Horrendo

Seria, agora que a velhice avança,
Que me sinto completo e além da sorte,
Me agarrar a esta vida fementida.

Vou fazer do meu fim minha esperança,
Oh sono, vem!... Que eu quero amar a morte
Com o mesmo engano com que amei a vida.

BRASÃO

(10 de dezembro de 1937)

Vem a estrela dos treze bicos,
Brasil, Coimbra, Guiné, Catalunha,
E mais a Bruges inimaginável
E a decadência dos Almeidas.

E sobre a estrela dos treze bicos
Pesa um coração mole
De prata coticada trezemente,
Em cujo campo há-de inscrever-se
"Eu sou aquele que veio do imenso rio".

E sobre o campo do meu coração,
Todo em zarcão ardendo,
Há em ouro a arca de Noé com vinte-e-nove bichos blau,
E a jurema esfolhando as folhas derradeiras
Sobre Mestre Carlos, o meu grande sinal.

E a seguir a trombeta, essa trombeta
Insiste pela Catalunha,
Mas desta vez eu que escolhi!
Ôh, meus amigos,
Perdão pelos séculos pesados de cicatrizes infinitas,
Perdão por todas as sabedorias,
Pela esfera armilar das conquistas insanas!
Essa trombeta eu que escolhi, toda de prata,
Com treze línguas de fogo na assustadora boca,
E a inscrição "Que-dele eles?",
Eles, os bandeirantes...

E falta o boi Paciência, o boi que pertence a Armida.
Traz por guampas os cornos da luna
E um peitoral de turmalinas.
Mas esse vem no outro coração mole,
Não se mostra a ninguém.
O boi Paciência serão treze preguiças assustadas,
No porto do imenso rio esperando,
Esperando pelos treze caminhos
Das mil cavernas das quarenta mil perguntas.

Ai, que eu vou me calar agora,
Não posso, não posso mais!

LOUVAÇÃO DA TARDE

Tarde incomensurável, tarde vasta,
Filha de sol já velho, filha doente
De quem despreza as normas da eugenia,
Tarde vazia, dum rosado pálido,
Tarde tardonha e sobretudo tarde
Imóvel... quase imóvel: é gostoso
Com o papagaio louro do ventinho
Pousado em minha mão, pelas ilhotas
Dos teus perfumes me perder, rolando
Sobre a desabitada rodovia.
Só tu me desagregas, tarde vasta,
Da minha trabalheira. Sigo livre,
Deslembrado da vida, lentamente,
Com o pé esquecido do acelerador.
E a maquininha me conduz, perdido
De mim, por entre cafezais coroados,
Enquanto meu olhar maquinalmente
Traduz a língua norte-americana
Dos rastos dos pneumáticos na poeira.
O doce respirar do forde se une
Aos gritos pontiagudos das graúnas,
Aplacando meu sangue e meu ofego.
São murmúrios severos, repetidos,
Que me organizam todo o ser vibrante
Num método sadio. Só no exílio
De teu silêncio, os ritmos maquinares
Sinto, metodizando, regulando
O meu corpo. E talvez meu pensamento...

Tarde, recreio de meu dia, é certo
Que só no teu parar se normaliza
A onda de todos os transbordamentos
Da minha vida inquieta e desregrada.
Só mesmo distanciado em ti, eu posso
Notar que tem razão-de-ser plausível
Nos trabalhos de ideal que vou semeando
Atabalhoadamente sobre a Terra.
Só nessa vastidão dos teus espaços,
Tudo o que gero e mando, e que parece
Tão sem destino e sem razão, se ajunta
Numa ordem verdadeira... Que nem gado,
Pelo estendal do jaraguá disperso,
Ressurge de tardinha e, enriquecido
Ao aboio sonoro dos campeiros,
Enriquece o criador com mil cabeças
No circo da mangueira recendente...

Tarde macia, pra falar verdade:
Não te amo mais do que a manhã, mas amo
Tuas formas incertas e estas cores
Que te maquilham o carão sereno.
Não te prefiro ao dia em que me agito,
Porém contigo é que imagino e escrevo
O rodapé do meu sonhar, romance
Em que o Joaquim Bentinho dos desejos
Mente, mente, remente impávido essa
Mentirada gentil do que me falta.
Um despropósito de perfeições

Me cerca e, em grata sucessão de casos,
Vou com elas vivendo uma outra vida:

... Toda dor física azulou... Meu corpo,
Sem artritismos, faringites e outras
Específicas doenças paulistanas,
Tem saúde de ferro. Às intempéries
Exponho as ondas rijas dos meus músculos,
Sem medo. Praquê medo!... Regulares,
Mais regulares do que os meus, os traços
Do meu rosto me fazem desejado
Mais facilmente que na realidade...
Já não falo por ela não, por essa
Em cujo perfil duro jaz perdida
A independência do meu reino de homem...
Que bonita que ela é!... Qual!... Nem por isso.
Não sonho sonhos vãos. A realidade,
Mais esportiva de vencer, me ensina
Esse jeito viril de ir afastando
Dos sonhos vesperais os impossíveis
Que fazem a quimera, e de que a vida
É nua, friorentamente nua.
Não a desejo não... Viva em sossego
Essa que sendo minha, nos traria
Uma vida de blefe, arrebatada
Por mais estragos que deslumbramentos.
Isto, em bom português, é amor platônico...
Quá! quá! quá!... Desejemos só conquistas!
Um poder de mulheres diferentes,

Meninas-de-pensão, costureirinhas,
Manicuras, artistas, datilógrafas,
Brancaranas e louras sem escândalo,
Desperigadas... livro de aventuras
Dentro do qual secasse a imagem da outra,
Que nem folha de malva, que nem folha
De malva... da mais pura malva perfumada!...

Livre dos piúns das doenças amolantes,
Com dinheiro sobrando, organizava
As poucas viagens que desejo... Iria
Viajar todo esse Mato Grosso grosso,
Danado guardador da indiada feia,
E o Paraná verdinho... Ara, se acaso
Tivesse imaginado no que dava
A Isidora, não vê que ficaria
Na expectativa pança em que fiquei!
Revoltoso banzando em viagens tontas,
Ao menos o meu sul conheceria,
Pampas forraginosos do Rio Grande
E praias ondejantes do Iguaçu...
Tarde, com os cobres feitos com teu ouro,
Paguei subir pelo Amazonas... Mundos
Desbarrancando, chãos desbarrancados,
Aonde no quiriri do mato brabo
A terra em formação devora os homens...
Este refrão dos meus sentidos... Nada
Matutarei mais sem medida, ôh tarde,
Do que esta pátria tão despatriada!

Vibro! Vibro. Mas constatar sossega
A gente. Pronto, sosseguei. O forde
Recomeça tosando a rodovia.
"Nosso ranchinho assim tava bom..." Sonho...
Já sabe: desejando sempre... Um sítio,
Colonizado, sem necessidade
De japoneses nem de estefanóderis...
Que desse umas quatorze mil arrobas...
Já me bastava. Gordas invernadas
Pra novecentos caracus bem...

         Tarde,
Careço de ir voltando, estou com fome.
Ir pra um quarto-de-banho hidroterápico
Que fosse a peça de honra deste rancho,
Aonde também, faço questão, tivesse
Dois ou três quartos-de-hóspedes... Isto é,
De hóspedes não, de amigos... Esta casa
É sua... Entre... Se abanque... Mande tudo...
Não faça cerimônia... Olha, de-noite
Teremos Hindemith e Villa-Lobos!
Que bom! possuir um aparelho de
Radiotelefonia tão perfeito
Que pegasse New York e Buenos Aires!...
Tarde de meu sonhar, te quero bem!
Deixa que nesta louvação, se lembre
Essa condescendência puxapuxa
De teu sossego, essa condescendência
Tão afeiçoável ao desejo humano.

De-dia eu faço, mas de-tarde eu sonho.
Não és tu que me dás felicidade,
Que esta eu crio por mim, por mim somente,
Dirigindo sarado a concordância
Da vida que me dou com o meu destino.
Não marco passo não! Mas se não é
Com desejos sonhados que me faço
Feliz, o excesso de vitalidade
Do espírito é com eles que abre a válvula
Por onde escoa o inútil excessivo;
Pois afastando o céu de junto à terra,
Tarde incomensurável, me permites,
Qual jaburus-moleques de passagem,
Lançar bem alto nos espaços essa
Mentirada gentil do que me falta.

Ciao, tarde, estou chegando. É quase noite.
Todo o céu já cinzou. Dependurada
Na rampa do terreiro a gaiolinha
Branca da máquina "São Paulo" inda arfa,
As tulhas de café desentulhando.
Pelo ar um lusco-fusco brusco trila,
Serelepeando na baixada fria.
Bem no alto do espigão, sobre o pau seco,
Ver um carancho, se empoleira a lua,
– Condescendente amiga das metáforas...

VI. MOMENTOS, PAISAGENS (II) E IMPROVISOS

MANHÃ

(18 de março de 1928)

O jardim estava em rosa ao pé do sol
E o ventinho de mato que viera do Jaraguá,
Deixando por tudo uma presença de água,
Banzava gozado na manhã praciana.

Tudo limpo que nem toada de flauta.
A gente se quisesse beijava o chão sem formiga,
A boca roçava mesmo na paisagem de cristal.

Um silêncio nortista, muito claro!
As sombras se agarravam no folhedo das árvores
Talqualmente preguiças pesadas.
O sol sentava nos bancos tomando banho-de-luz.

Tinha um sossego tão antigo no jardim,
Uma fresca tão de mão lavada com limão,
Era tão marupiara e descansante
Que desejei... Mulher não desejei não, desejei...
Se eu tivesse a meu lado ali passeando
Suponhamos Lenine, Carlos Prestes, Gandhi, um desses!...

Na doçura da manhã quase acabada
Eu lhes falava cordialmente: – Se abanquem um bocadinho.
E havia de contar pra eles os nomes dos nossos peixes,
Ou descrevia Ouro Preto, a entrada de Vitória, Marajó,
Coisa assim, que pusesse um disfarce de festa
No pensamento dessas tempestades de homens.

PAISAGEM Nº 5

De-dia um solzão de matar taperá
Passeou na cidade o fogo de Deus.
Os paulistas andaram que nem caçaremas tontas
Daqui pra ali buscando as sombras de mentira.
Mas agorinha mesmo deram as vinte horas.
De já-hoje quando a noite agarrou empurrando a luz quente pra trás do
[horizonte
Brisou uma friagem de inverno refrescando os praciamos e a cidade rica.
As famílias pararam de suar.
Janelas abertas e portas abertas em todas as casas.
Se boia, se conversa descansado.
Nas varandas portas terraços escuros
Acende apagam os vaga-lumes dos cigarros.

Todas as bulhas se ajuntam num riso feliz.

Faz gosto a gente andar assim à toa
Reparando na calma da sua cidade natal.

TEMPO DAS ÁGUAS

O gado estava amoitando na capoeira.
Agora é a gupiara agachada no lombo do morro
Vazia que não tem mais fim.

De repente faz cócega na cara da gente
A mão de chuva do vento.
Tempo perdido se afobar,
Ela já vem na cola do liburno.
Olhe a folhinha seca.
Salta que salta ressabiada, corcoveia,
Desembestou que nem potranca chucra pasto fora.
Você quase nem tem tempo de vestir a capa boa
E despenca a chuva de Deus.
O espaço num átimo se enche de ar leviano
E a água lava até a espinha da gente
E encrespa a crina do animal.
Que gostosura!
Você rejeita o forde da fazenda na porteira
E continua tchoque-tchoque na tijuqueira peguenta da estrada.

Em casa,
No brim novo com cheiro de ribeirão
Você deita na rede da varanda,
Chupita o traço da abrideira...
E se conversa.

E se conversa sobre a baixa do café.

MOMENTO
(16 de setembro de 1928)

Deve haver aqui perto uma roseira florindo,
Não sei... sinto por mim uma harmonia,
Um pouco da imparcialidade que a fadiga traz consigo.

Olho pra minhas mãos. E uma ternura perigosa
Me faz passar a boca sobre elas, roçando,
(De certo é alguma rosa...)
Numa ternura que não é mais perigosa não, é piedade paciente.
As rosas... Os milhões de rosas paulistanas...
Já tanto que enxerguei minhas mãos trabalhando,
E tapearem por brinquedo umas costas de amigo,
Se entregarem pra inimigo, erguerem dinheiro do chão...
Uma feita meus dedos pousaram nuns lábios,
Nesse momento eu quis ser cego!
Ela não quis beijar a ponta dos meus dedos,
Beijou as mãos, apaixonadamente, em submissão...
Ela beijou o pó das minhas mãos...
O mesmo pó que já desce na rosa nem bem ela se abre.
Deve haver aqui perto uma roseira florindo...
Que harmonia por mim... Que parecença com jardim...
O meu corpo está são... Minha alma foi-se embora...
E me deixou.

MOMENTO
(abril de 1937)

O vento corta os seres pelo meio.
Só um desejo de nitidez ampara o mundo...
Faz sol. Fez chuva. E a ventania
Esparrama os trombones das nuvens no azul.

Ninguém chega a ser um nesta cidade,
As pombas se agarram nos arranha-céus, faz chuva.
Faz frio. E faz angústia... É este vento violento
Que arrebenta dos grotões da terra humana
Exigindo céu, paz e alguma primavera.

MOMENTO
(1929)

O mundo que se inunda claro em vultos roxos
No caos profundo em que a tristura
Tange mansinho os ventos aos molambos.

A gente escapa da vontade.
Se sente prazeres futuros,
Chegar em casa,
Reconhecer-se em naturezas-mortas...

Ôh, que pra lá da serra caxingam os dinossauros!

Em breve a noite abrirá os corpos,
As embaúbas vão se refazer...

A gente escapa da vontade.
Os seres mancham apenas a luz dos olhares,
Se sobrevoam feito músicas escuras.

E a vida, como viola desonesta,
Viola a morte do ardor, e se dedilha...
Fraca.

PELA NOITE DE BARULHOS ESPAÇADOS...

(junho de 1929)

Pela noite de barulhos espaçados,
Neste silêncio que me livra do momento
E acentua a fraqueza do meu ser fatigadíssimo,
Eu me aproximo de mim mesmo
No espanto ignaro com que a gente se chega pra morte.

Meu espírito ringe cruzado por dores sem nexo,
Numa dor unida, tão violentamente física,
Que me sinto feito um joelho que dobrasse.
A luz excessiva do estúdio desmancha a carícia do objeto,
Um frio de vento vem que me pisa tal qual um contato,
Tudo me choca, me fere, uma angústia me leva,
Estou vivendo ideias que por si já são destinos
E não escolho mais minhas visões.

A aparência é de calma, eu sei. Dir-se-ia que as nações vivem em
[paz...
Há um sono exausto de repouso em tudo,
E uma cega esperança, cantando benditos, esmola
Em favor dos homens algum bem que não virá...
Me sinto joelho. Há um arrependimento vasto em mim.
Eu digo que os séculos todos
Se atrasaram propositalmente no caminho,
Me esperaram, e puxo-os agora como boi fatal.
Me sinto culpado de milhões de séculos desumanos...
Milhões de séculos desumanos me fizeram, fizeram-te, irmão;
E pela noite de barulhos espaçados

Não quero escutar o conselho que desce dos arranha-céus do norte!
Eu sei que teremos um tempo de horror mais fecundo
Que as rapsódias da força e do dinheiro!

Será que nem uma arrebentação...
Os postos isolados das cidades
Se responderão em alarmas raivacentos,
Saídos das casas iguais e da incúria dos donos da vida.
Havemos de ver muitos manos passando a fronteira,
Haverá pão grátis muito duvidoso,
As salas de improviso se encherão de discussões apaixonadas,
Mortas no dia seguinte em desastres que não sei quais.
Será tempo de esforço caudaloso,
Será humano e será também terribilíssimo...
Só há-de haver mulheres que não serão mais nossas mulheres.
Os piás hão-de estar sem confiança catalogados na fila,
E os homens morrerão violentamente
Antes que chegue o tempo da velhice.

IMPROVISO DO RAPAZ MORTO
(1925)

Morto, suavemente ele repousa sobre as flores do caixão.

Tem momentos assim em que a gente vivendo
Esta vida de interesses e de lutas tão bravas,
Se cansa de colher desejos e preocupações.
Então para um instante, larga o murmúrio do corpo,
A cabeça perdida cessa de imaginar,
E o esquecimento suavemente vem.
Quem que então goze as rosas que o circundam?
A vista bonita que o automóvel corta?
O pensamento que o heroíza?...
O corpo é que nem véu largado sobre um móvel,
Um gesto que parou no meio do caminho,
Gesto que a gente esqueceu.
Morto, suavemente ele se esquece sobre as flores do caixão.

Não parece que dorme, nem digo que sonhe feliz, está morto.
Num momento da vida o espírito se esqueceu e parou.
De repente ele assustou com a bulha do choro em redor,
Sentiu talvez um desaponto muito grande
De ter largado a vida sendo forte e sendo moço,
Teve despeito e não se moveu mais.
E agora ele não se moverá mais.

Vai-te embora! vai-te embora, rapaz morto!
Oh, vai-te embora que não te conheço mais!
Não volta de-noite circular no meu destino
A luz da tua presença e o teu desejo de pensar!

Não volta oferecer-me a tua esperança corajosa,
Nem me pedir para os teus sonhos a conformação da terra!

O universo muge de dor aos clarões dos incêndios,
As inquietudes cruzam-se no ar alarmadas,
E é enorme, insuportável minha paz!
Minhas lágrimas caem sobre ti e és como um sol quebrado!
Que liberdade em teu esquecimento!
Que independência firme na tua morte!
Ôh, vai-te embora que não te conheço mais!

VII. O FOGO IRREFLETIDO DO AMOR

TEMPO DA MARIA
(1926)

a Dona Eugênia Álvaro Moreira

I
MODA DO CORAJOSO

Maria dos meus pecados,
Maria, viola de amor...

Já sei que não tem propósito
Gostar de donas casadas,
Mas quem que pode com o peito!
Amar não é desrespeito,
Meu amor terá seu fim.
Maria há-de ter um fim.

Quem sofre sou eu, que importa
Pros outros meu sofrimento?
Já estou curando a ferida.
Se dando tempo pro tempo
Toda paixão é esquecida.
Maria será esquecida.

Que bonita que ela é!... Não
Me esqueço dela um momento!
Porém não dou cinco meses,
Acabarão as fraquezas
E a paixão será arquivada.
Maria será arquivada.

Por enquanto isso é impossível.
O meu corpo encasquetou
De não gostar senão de uma...
Pois, pra não fazer feiura,
Meu espírito sublima
O fogo devorador.
Faz da paixão uma prima,
Faz do desejo um bordão,
E encabulado ponteia
A malvadeza do amor.

Maria, viola de amor!...

[...]

IV
ECO E O DESCORAJADO

Neste lugar solitário
Onde nem canta o sem-fim,
Choro. E um eco me responde
Ao choro que choro em vão.
Eco, responda bem certo,
Meus amigos me amarão?...
    E o eco me responde: – Sim.

Pois então, eco bondoso,
Você que sabe a razão
Porque deixando o tumulto
De Pauliceia, aqui vim:

Eco, responda bem certo,
Maria gosta de mim?...
    E o eco me responde: – Não!

Antes morrer!... Eu me sinto
Tão vazio com este amor...
Não aguento mais meu peito!
Morrer! seja como for!
Eco, responda bem certo,
Morrerei hoje, amanhã?...
    E o eco me responde: – Nhãam...

[...]

POEMAS DA AMIGA
(1929 – 1930)

a Jorge de Lima

I

A tarde se deitava nos meus olhos
E a fuga da hora me entregava abril,
Um sabor familiar de até-logo criava
Um ar, e, não sei por quê, te percebi.

Voltei-me em flor. Mas era apenas tua lembrança.
Estavas longe, doce amiga; e só vi no perfil da cidade
O arcanjo forte do arranha-céu cor-de-rosa
Mexendo asas azuis dentro da tarde.

II

Se acaso a gente se beijasse uma vez só...
Ontem você estava tão linda
Que o meu corpo chegou.

Sei que era um riacho e duas horas de sede,
Me debrucei, não bebi.
Mas estou até agora desse jeito,
Olhando quatro ou cinco borboletas amarelas,
Dessas comuns, brincabrincando no ar.
Sinto um rumor...

III

Agora é abril, ôh minha doce amiga,
Te reclinaste sobre mim, como a verdade,
Fui virar, fundeei o rosto no teu corpo.

Nos dominamos pondo tudo no lugar.
O céu voltou a ser por sobre a terra,
As laranjeiras ergueram-se todas de-pé
E nelas fizemos cantar um primeiro sabiá.

Mas a paisagem logo foi-se embora
Batendo a porta, escandalizadíssima.

IV

Ôh trágico fulgor das incompatibilidades humanas!
Que tara divina pesa em nosso corpo vitorioso
Não permitindo que jamais a plenitude satisfeita
Descanse em nosso lar como alguém que chegou!...
Não tenho esperança mais nas vossas revelações!
Vós me destes o amor, me destes a amizade,
E na experiência de minha doce amiga me destes
Mais do que imaginei... Mas a volta foi cruel.

Eu sofro. Êh, liberdade, essência perigosa...
Espelhos, Pireneus, caiçaras e todos os desesperos,
Vinde a mim que outros agora aboiam pra eu marchar!
Tudo é suavíssimo na flora dos milagres...
Um pensamento se dissolve em mel e à porta
Do meu coração há sempre um mendigo moço esmolando...

Eu saí da aventura! Eu fugi da ventura!
Nós não estamos na cidade nem no mato.
Nós rolamos na ânsia dos fabulosos aeroplanos,
E vos garanto que agora não acabaremos mais!

V

Contam que lá nos fundos do Grão Chaco
Mora o morubixaba chiriguano Caiuari,
Nas terras dele nenhum branco não entrou.
São planos férteis que passam a noite dormindo
Na beira dum lagoão calmo de garças.
Enorme gado pasta ali, o milho plumeja nos cerros,
E os homens são todos bons lá onde o branco não entrou.

Nós iremos parar nesses desertos...
Viajando através de fadiga e miséria,
Os dias ferozes nós descansaremos abraçados,
Mas pelas noites suaves nossos passos nos levarão até lá.
E ao vivermos nas terras do morubixaba Caiuari,
Tudo será em comum, trabucaremos como os outros e por todos,
Não haverá hora marcada pra comer nem pra dormir,
Passaremos as noites em dança, e na véspera das grandes bebedeiras
Nos pintaremos ricamente a riscos de urucum e picumã.
Pouco a pouco olvidaremos as palavras de roubo, de insulto e mentira,
A terminologia das nações e da política,
E dos nossos pensamentos afinal desertarão as profecias.
Ôh, doce amiga, é certo que seríamos felizes
Na ausência deste calamitoso Brasil!...
Fecho os olhos... É pra não ver os gestos contagiosos...
Ando em verdades que deviam já não ser do tempo mais...
A nossa gente vai muito sofrer e trago o coração inquieto.

VI

Nós íamos calados pela rua
E o calor dos rosais nos salientava tanto
Que um desejo de exemplo me inspirava,
E você me aceitou por entre os santos.

Erguer do chão um toco de cigarro,
Fumá-lo sem saber por que boca passou,
A terra me erriçava a língua e uma saliva seca
Pousando nos meus lábios molhados renasceu.

Todos os boitatás queimavam minha boca
Mas quando recomecei a olhar, ôh minha doce amiga,
Os operários passavam-se todos para o meu lado,
Todos com flores roubadas na abertura da camisa...
O sol no poente, de novo auroral e nativo,
Fazia em caminho contrário um dia novo;
E as noites ficaram luminosamente diurnas,
E os dias massacrados se esconderam no covão duma noite sem fim.

VII

É hora. Mas é tal em mim o vértice do dia
Nesta sombra... Porque serás mais que os rapazes,
E bem mais, muito mais do que as amantes?...
Sombra!... Sombra de cajazeira perfumada,
Saudando a minha inquietação com a tua delícia!

Eu poderia dormir no teu regaço, ôh mana...
Abri-vos, rincões do sossego,
Não cuideis que é minha amante, é minha irmã!

Porém é muito cedo ainda, e no portão do Paraíso
O anjo das cidades vigia com a espada de fogo na mão.

VII (bis)

É uma pena, doce amiga,
Tudo o que pensas em mim.
Eu sei, porque acho uma pena
Também o que penso em ti.

Mesmo quando conversamos,
É uma pena, outras conversas
De olhos e de pensamentos,
Andam na sala, dispersas.

VIII

Gosto de estar a teu lado,
Sem brilho.
Tua presença é uma carne de peixe,
De resistência mansa e um branco
Ecoando azuis profundos.

Eu tenho liberdade em ti.
Anoiteço feito um bairro,
Sem brilho algum.

Estamos no interior duma asa
Que fechou.

IX

Vossos olhos são um mate costumeiro.
Vossas mãos são conselhos que é indiferente seguir.
Gosto da vossa boca donde saem as palavras isoladas
Que jamais não ouvi.
Porém o que eu adoro sobretudo é vosso corpo
Que desnorteia a vida e poupa as restrições.

Ôh, doce amiga! vossos castos espelhos de aurora
Despejam sobre mim paisagens e paisagens
Em que passeio feito um rei sem povo,
Cortejado por noruegas, caponetes e caminhos,
— Os caminhos incompetentes que jamais não me conduzirão a
[alguém!...

X

Os rios, ôh doce amiga, estes rios
Cheios de vistas, povoados de ingazeiras e morretes,
Pelo Capibaribe irás ter no Recife,
Pelo Tietê a São Paulo, no Potenji a Natal.
Pelo Tejo a Lisboa e pelo Sena a Paris...

Os rios, ôh minha doce amiga, na beira dos rios
É a terra de povoação em que as cidades se agacham
E de-noite, que nem feras de pelo brilhante, vão beber...

Pensa um bocado comigo na vasta briga da terra,
E nas cidades que nem feras bebendo na praia dos rios!
Insiste ao pé de mim neste meu pensamento!
E os nossos corações, livres do orgulho,
Mais humilhados em cidadania,
Irão beber também junto das feras.

XI

A febre tem um vigor suave de tristeza,
E os símbolos da tarde comparecem entre nós;
Não é preciso nem perdoar nem esquecer os crimes
Pra que venha este bem de sossegar na pouca luz.

É a nossa intimidade. Um fogo arde, esquentando
Um rumor de exterior bem brando, muito brando,
E dá clarões duma consciência intermitente.
A poesia nasce.
Tu sentes que o meu fluido se aninha em teu colo e te beija na face,
E, por camaradagem, me olhas ironicamente.

Mas estamos sem mesmo a insistência dos nossos brinquedos.
E o vigor suave da febre
Não intimida os nossos corações tranquilos.

XII

Minha cabeça pousa nos seus joelhos,
Vem o entressono, e é milagroso!
A vida se conserva em mim doada pelos seus joelhos,
E sou duma inimaginável liberdade!

Ôh espíritos do ar que os homens adivinham,
Dizei-me o que se evola do meu corpo!
Essa outra coisa vaporosa e brancacenta
Que não é fumo, nem echarpe,
Não tem forma, porém não se desmancha
E baila no ar...

Todos os adeuses, todos os espelhos e girândolas
Voltejam no espaço que se enche e esvazia
Num tremor ávido a esfolhar-se em pregas sem dureza...
Abre a rosa oculta em sinais,
Manhãs em vésperas de ser,
Pireneus sem desejo, enquanto à espreita,
Os objetos em torno me invejam
Buscando me prender na miséria da imagem...

Ôh espíritos do ar, dizei-me a rosa incomparável
Que se evola reagindo em baile no ar!
Baile! Baile de mim no entressono!
Não é uma alma, não é um espírito do ar, não é nada!
É outra coisa que baila, que baila, que baila,
Livre de mim! gratuita enfim! fútil de eternidade!

Ôh, brinca, brinca, minha melodia!
Sabiá da mata que canta a mei-dia!
Olha o coco, Sinhá!

GIRASSOL DA MADRUGADA
(1931)

a R. G.

I

De uma cantante alegria onde riem-se as alvas uiaras
Te olho como se deve olhar, contemplação,
E a lâmina que a luz tauxia de indolências
É toda um esplendor de ti, riso escolhido no céu.

Assim. Que jamais um pudor te humanize. É feliz
Deixar que o meu olhar te conceda o que é teu,
Carne que é flor de girassol! sombra de anil!
Eu encontro em mim mesmo uma espécie de abril
Em que se espalha o teu sinal, suave, perpetuamente.

II

Diga ao menos que nem você quer mais desses gestos traiçoeiros
Em que o amor se compõe feito uma luta;
Isso trará mais paz, porquanto o caminho foi longo,
Abrindo o nosso passo através dos espelhos maduros.

Você não diz, porém o vosso corpo está delindo no ar,
Você apenas esconde os olhos no meu braço e encontra a paz na
[escuridão.
A noite se esvai lá fora serena sobre os telhados,
Enquanto o nosso par aguarda, soleníssimo,
Radiando luz, nesse esplendor dos que não sabem mais pra onde ir.

[...]

V

Teu dedo curioso me segue lento no rosto
Os sulcos, as sombras machucadas por onde a vida passou.
Que silêncio, prenda minha... Que desvio triunfal da verdade,
Que círculos vagarosos na lagoa em que uma asa gratuita roçou...

Tive quatro amores eternos...
O primeiro era a moça donzela,
O segundo... eclipse, boi que fala, cataclisma,
O terceiro era a rica senhora,
O quarto és tu... E eu afinal me repousei dos meus cuidados.

VI

Os trens de ferro estão longe, as florestas e as bonitas cidades,
Não há senão Narciso entre nós dois, lagoa,
Já se perdeu saciado o desperdício das uiaras,
Há só meu êxtase pousando devagar sobre você.

Ôh que pureza sem impaciência nos calma
Numa fragrância imaterial, enquanto os dois corpos se agradam,
Impossíveis que nem a morte e os bons princípios.
Que silêncio caiu sobre a vossa paisagem de excesso dourado!
Nem beijo, nem brisa... Só, no antro da noite, a insônia apaixonada
Em que a paz interior brinca de ser tristeza.

VII

A noite se esvai lá fora serena sobre os telhados
Num vago rumor confuso de mar e asas espalmadas,
Eu, debruçado sobre vossa perfeição, num cessar ardentíssimo,
Agora pouso, agora vou beber vosso olhar estagnado, ôh minha lagoa!

Eis que ciumenta noção de tempo, tropeçando em maracás,
Assusta guarás, colhereiras e briga com os arlequins,
Vem chegando a manhã. Porém, mais compacta que a morte,
Para nós é a sonolenta noite que nasce detrás das carícias esparsas.

Flor! flor!...
           Graça dourada!...
                      Flor...

POEMAS DA NEGRA
(1929)

a Cícero Dias

I

Não sei por que espírito antigo
Ficamos assim impossíveis...

A lua chapeia os mangues
Donde sai um favor de silêncio
E de maré.
És uma sombra que apalpo
Que nem um cortejo de castas rainhas.
Meus olhos vadiam nas lágrimas.
Te vejo coberta de estrelas,
Coberta de estrelas,
Meu amor!

Tua calma agrava o silêncio dos mangues.

II

Não sei se estou vivo...
Estou morto.

Um vento morno que sou eu
Faz auras pernambucanas.
Rola rola sob as nuvens
O aroma das mangas.
Se escutam grilos,
Cricrido contínuo
Saindo dos vidros.

Eu me inundo de vossas riquezas!
Não sou mais eu...

Que indiferença enorme...

III

Você é tão suave,
Vossos lábios suaves
Vagam no meu rosto,
Fecham meu olhar.

Sol-posto.

É a escureza suave
Que vem de você,
Que se dissolve em mim.

Que sono...

Eu imaginava
Duros vossos lábios,
Mas você me ensina
A volta ao bem.

IV

Estou com medo...
Teu beijo é tão beijo,
Tua inocência é dura,
Feita de camélias.

Ôh, meu amor,
Nós não somos iguais!
Tu me proíbes
Beber água após...

Eu volto à calma
E não te vejo mais.

V

Lá longe no sul,
Lá nos pés da Argentina,
Marulham temíveis os mares gelados,
Não posso fazer mesmo um gesto!

Tu me adivinhas, meu amor,
Porém não queres ser escrava!

Flores!
Apaixonadamente meus braços desgalham-se,
Flores!
Flores amarelas do pau-d'arco secular!
Eu me desgalho sobre teu corpo manso,
As flores estão caindo sobre teu corpo manso,
Te cobrirei de flores amarelas!

Apaixonadamente
Eu me defenderei!

VI

Quando
Minha mão se alastra
Em vosso grande corpo,
Você estremece um pouco.

É como o negrume da noite
Quando a estrela Vênus
Vence o véu da tarde
E brilha enfim.

Nossos corpos são finos,
São muito compridos...
Minha mão relumeia
Cada vez mais sobre você.

E nós partimos adorados
Nos turbilhões da estrela Vênus!...

VII

Não sei por que os tetéus gritam tanto esta noite...
Não serão talvez nem mesmo os tetéus.
Porém minha alma está tão cheia de delírios
Que faz um susto enorme dentro do meu ser.

Estás imóvel.
És feito uma praia...
Talvez estejas dormindo, não sei.

Mas eu vibro cheinho de delírios,
Os tetéus gritam tanto em meus ouvidos,
Acorda! ergue ao menos o braço dos seios!
Apaga o grito dos tetéus!

VIII

Nega em teu ser primário a insistência das coisas,
Me livra do caminho.

Colho mancheias de meus olhares,
Meu pensamento assombra mundos novos,
E eu desejava estar contigo...

Há vida por demais neste silêncio nosso!
Eu próprio exalo fluidos leves
Que condensam-se em torno...
Me sinto fatigantemente eterno!

Ah, meu amor,
Não é minha amplidão que me desencaminha,
Mas a virtuosidade...

IX

Na zona da mata o canavial novo
É um descanso verde que faz bem;
É uma suavidade pousar a vista
Na manteiga e no pelo dos ratos;
No mais matinal perfume francês
A gente domina uma dedicação;

Apertando os dedos no barro mole
Ele escorre e foge,
E o corpo estremece que é um prazer...

Mas você é grave sem comparação.

X

Há o mutismo exaltado dos astros,
Um som redondo enorme que não para mais.
Os duros vulcões ensanguentam a noite,
A gente se esquece no jogo das brisas,
A jurema perde as folhas derradeiras
Sobre Mestre Carlos que morreu.
Dir-se-ia que os ursos
Mexem na sombra do mato...
A escureza cai sobre abelhas perdidas.
Um potro galopa.
Ponteia uma viola
De sertão.

Nós estamos de pé,
Nós nos enlaçamos,
Somos tão puros,
Tão verdadeiros...
Ôh, meu amor!
O mangue vai refletir os corpos enlaçados!
Nossas mãos já partem no jogo das brisas,
Nossos lábios se cristalizam em sal!
Nós não somos mais nós!

Nós estamos de pé!
Nós nos amamos!

XI

Ai momentos de físico amor,
Ai reentrâncias de corpo...
Meus lábios são que nem destroços
Que o mar acalenta em sossego.

A luz do candeeiro te aprova,
E... não sou eu, é a luz aninhada em teu corpo
Que ao som dos coqueiros do vento
Farfalha no ar os adjetivos.

XII

Lembrança boa,
Carrego comigo tua mão.

O calor exausto
Oprime estas ruas
Que nem a tua boca pesada.
As igrejas oscilam
Por cima dos homens de branco,
E as sombras despencam inúteis
Das botinas, passo a passo.

O que me esconde
E o momento suave

Com que as casas velhas
São róseas, morenas,
Na beira do rio.

Dir-se-ia que há madressilvas
No cais antigo...
Me sinto suavíssimo de madressilvas
Na beira do rio.

VIII. SÃO PAULO NOITE E DIA

(LIRA PAULISTANA)

Beijos mais beijos,
Milhões de beijos preferidos,
Venho de amores com a minha amada,
Insaciáveis.

Rosas mais rosas,
Milhões de rosas paulistanas,
Venho de sustos com a minha amiga,
Implacáveis.

Luzes mais luzes,
Luzes perdidas na garoa,
Trago tristezas no peito vivo,
Implacáveis.

Ideais, ideais,
Ideais raivosos do insofrido,
Trago verdades novas na boca,
Insaciáveis.

Jornais, jornais,
Notícias que enchem e esvaziam,
– Me dá uma bomba sem retardamento,
Implacável!

Horas mais horas,
Rio do meu mistério esquivo,
– Me dá violetas pelos meus dedos
Insaciáveis...

São Paulo pela noite.
Meu espírito alerta
Baila em festa e metrópole.

São Paulo na manhã.
Meu coração aberto
Dilui-se em corpos flácidos.

São Paulo pela noite.
O coração alçado
Se expande em luz sinfônica.

São Paulo na manhã.
O espírito cansado
Se arrasta em marchas fúnebres.

São Paulo noite e dia...

A forma do futuro
Define as alvoradas:
Sou bom. E tudo é glória.

O crime do presente
Enoitece o arvoredo:
Sou bom. E tudo é cólera.

Garoa do meu São Paulo,
– Timbre triste de martírios –
Um negro vem vindo, é branco!
Só bem perto fica negro,
Passa e torna a ficar branco.

Meu São Paulo da garoa,
– Londres das neblinas finas –
Um pobre vem vindo, é rico!
Só bem perto fica pobre,
Passa e torna a ficar rico.

Garoa do meu São Paulo,
– Costureira de malditos –
Vem um rico, vem um branco,
São sempre brancos e ricos...

Garoa, sai dos meus olhos.

O bonde abre a viagem,
No banco ninguém,
Estou só, stou sem.

Depois sobe um homem,
No banco sentou,
Companheiro vou.

O bonde está cheio,
De novo porém
Não sou mais ninguém.

... os que esperam, os que perdem
o motivo, os que emudecem,
os que ignoram, os que ocultam
a dor, os que desfalecem,

os que continuam, os
que duvidam... Coração,
Afirma, afirma e te abrasa
Pelas milícias do não!

Na rua Aurora eu nasci
Na aurora de minha vida
E numa aurora cresci.

No largo do Paiçandu
Sonhei, foi luta renhida,
Fiquei pobre e me vi nu.

Nesta rua Lopes Chaves
Envelheço, e envergonhado
Nem sei quem foi Lopes Chaves.

Mamãe! me dá essa lua,
Ser esquecido e ignorado
Como esses nomes da rua.

A catedral de São Paulo
Por Deus! que nunca se acaba
— Como minha alma.

É uma catedral horrível
Feita de pedras bonitas
— Como minha alma.

A catedral de São Paulo
Nasceu da necessidade.
— Como minha alma.

Sacro e profano edifício,
Tem pedras novas e antigas
— Como minha alma.

Um dia há-de se acabar,
Mas depois se destruirá
— Como o meu corpo.

E a alma, memória triste,
Por sobre os homens arisca,
Sem porto.

Quando eu morrer quero ficar,
Não contem aos meus inimigos,
Sepultado em minha cidade,
      Saudade.

Meus pés enterrem na rua Aurora,
No Paiçandu deixem meu sexo,
Na Lopes Chaves a cabeça
      Esqueçam.

No Pátio do Colégio afundem
O meu coração paulistano:
Um coração vivo e um defunto
      Bem juntos.

Escondam no Correio o ouvido
Direito, o esquerdo nos Telégrafos,
Quero saber da vida alheia,
      Sereia.

O nariz guardem nos rosais,
A língua no alto do Ipiranga
Para cantar a liberdade.
      Saudade...

Os olhos lá no Jaraguá
Assistirão ao que há-de vir,
O joelho na Universidade,
      Saudade...

As mãos atirem por aí,
Que desvivam como viveram,

As tripas atirem pro Diabo,
Que o espírito será de Deus.
      Adeus.

IX. O GRIFO DA MORTE

O GRIFO DA MORTE
(1933)

a Lúcio Rangel

I

Milhões de rosas
Para esta grave
Melancolia,
Milhões de rosas,
Milhões de castigos...

Milhões de castigos,
Imperfeita grávida,
Quem foi? foi o vento
Que fez-te imperfeita,
Milhões de aratacas!

A toca fendeu
Para esta grave
Melancolia,
Milhões de castigos,
Milhões de aratacas...

Salta o bicho roxo.
Depois ficou ruim,
Depois ficou roxo,
Depois ficou ruim,
Depois ficou roxo,
Ruim-roxo, ruim-roxo,
Milhões de bandeiras!

Os camisas pretas,
Os camisas pardas,
Os camisas roxas,
Ruim-roxo, ruim-roxo,
Milhões de bandeiras!
Milhões de castigos!
Quem foi? foi a rosa
Dos ventos da amarga
Desesperança...

Ei-vem a morte
– ruim-roxo... –
Consoladora...
Milhões de rosas,

Milhões de castigos...

II

Retorno sempre
A cada volta do caminho
À lagoa imóvel.

Superfície juncada
De mãos-postas negras
Que afundam sempre.

Meus olhos são moscas,
Única vida grave
Esparsa no silêncio.

O silêncio avança
Que nem um navio,
Não penso, estremeço.

Tremor sem razão
Que termina em meio
Nem bem principia.

A boca desdenha
As palavras ásperas,
Evitando a vida.

Mas... dor, periquito,
Novamente rufa
Da serrapilheira,
Sobe no alto no alto,
Vai dormir nas casas
Além da floresta.

III

Mocidade parva,
Dor sem pensamento,
Ôh cálido futuro
De brilho estonteante,
Fechando o presente
No punho cerrado
Com as unhas aduncas,
Ferindo a munheca
De onde o sangue escorre

Gravando o caminho
Com rasto facílimo
Em que a fera acode.
Lá no rombo escuso
Te pega nas garras,
Explode o suspiro.

Escurece aos poucos
Teu corpo auroral.

IV

Quando o rio Madeira
Fica inavegável,
A corredeira clara
Junto ao trem de ferro
Vai rasa entre as pedras
Da margem deserta,
Suspensa no charco
Imenso da morte.

A claridade vasta
Guasca Mato Grosso,
Filtrada da nuvem
Que de tão exausta
Se apoia na crista
De espuma do rio.

O calor mais branco
Esturrica as pedras

E tange o Grão Chaco
Pros altos dos Andes,
Onde as almas planam
Sem fecundidade,
Na terra sem mal,
Sem fecundidade.

V

Silêncio monótono,
Calma serenata
Na monotonia,
A alma sem tristeza
Pouco a pouco vai
Desabrochando
O instante do lago.

> *Morte, benfeitora morte,*
> *Eu vos proclamo*
> *Benfeitora, ôh morte!*
> *Benfeitora morte!*
> *Morte, morte...*

Se escuta no fundo
A sombra das águas
– calma serenata... –
Se depositando
Para nunca mais.

BIOGRAFIA

Mário Raul de Moraes Andrade, nascido na cidade de São Paulo em 9 de outubro de 1893, fez o curso secundário no Ginásio Nossa Senhora do Carmo dos Irmãos Maristas e, a seguir, diplomou-se no Conservatório Dramático e Musical, onde foi Catedrático de História da Música e Estética. Além disso, foi durante muito tempo professor particular de piano, instrumento do qual poderia ter se tornado concertista.

Em 1917, o impacto da primeira Guerra Mundial lhe inspirou os versos humanitários de *Há uma gota de sangue em cada poema*, livro que não fazia prever o grande escritor, ainda por se definir. Mas, em 1920, já compunha poemas valiosos de vanguarda, ligando-se aos jovens que iniciavam a campanha de modernização das artes, sobretudo Oswald de Andrade. Com o grupo modernista de São Paulo, foi um dos organizadores e participantes da decisiva Semana de Arte Moderna, no ano de 1922, quando, reunindo os poemas de 1920, publica *Pauliceia desvairada*, primeiro produto da nova geração. Graças à capacidade especulativa e à grande cultura, Mário de Andrade se tornou o principal teórico do movimento, o que se evidencia não apenas no "Prefácio interessantíssimo", do livro citado, mas sobretudo no ensaio que lhe segue, *A escrava que não é Isaura* (1925).

Nesse tempo, preocupava-se em obter uma poesia do cotidiano e da experiência imediata, vazada numa linguagem liberta da tradição acadêmica, isto é, do pedantismo gramatical e do ranço arcaico. O seu experimentalismo estético e linguístico correspondia ao intuito de exprimir o modo de ser peculiar ao Brasil, por meio da adoção de torneios populares e maior aproximação da fala corrente. Resultou em uma linguagem cheia de artifício criador que nem sempre alcançou esse desígnio, mas constituiu o primeiro grande esforço, no Brasil, de anular as barreiras entre língua culta e língua popular.

Losango cáqui (1926) e *Clã do jaboti* (1927) pertencem a essa fase de combate e experimentação poética, incorporando as imagens banais do dia a dia, o pitoresco do populário, as lendas. A culminação do processo é a narrativa *Macunaíma* (1928), ficção de tonalidade feérica que o autor denominou *rapsódia* e é considerada a obra mais importante do Modernismo. Ela foi elaborada mediante a fusão extremamente hábil de lendas indígenas, tradições populares e aspectos diversos e inesperados da sociedade brasileira, numa prosa original tingida de humorismo e animada pelo ritmo crepitante da composição.

Em 1917, por ocasião de sua primeira viagem a Minas Gerais, Mário de Andrade descobrira o Barroco mineiro e a genialidade de Antonio Francisco Lisboa; a interpretação inovadora, confirmada em 1924, na segunda viagem às cidades históricas e amadurecida com o correr dos anos, irá resultar no brilhante estudo sobre Aleijadinho, que publica em 1935. A descoberta de Minas se completaria pela da Amazônia e do Nordeste, registrada em crônicas e diários de viagem, publicados postumamente em *O turista aprendiz* (1976).

Em torno de 1930, se situa um momento importante de sua atividade jornalística, no *Diário Nacional*. Mário foi sempre colaborador assíduo da imprensa, conseguindo encaixar no limite de um artigo curto a variedade de suas preocupações, que iam da estética ao fato do dia, da crônica musical à reflexão sociológica – sem esquecer a atividade constante de crítico literário, cujas análises admiráveis reuniu em *Aspectos da literatura brasileira* (1943). Ainda em 1930, publicou *Remate de males*, em que os versos anteriores foram acrescidos de composições recentes, que denotam a plenitude das criações maduras. De 1943 é o livro de contos *Belazarte*, que marca um avanço notável em relação à sua estreia no gênero, *Primeiro andar* (1926).

Em 1936, foi convidado para dirigir o recém-criado Departamento de Cultura da Prefeitura de São Paulo. Realiza então, no espaço de dois anos – concretizando a sua grande vocação para fazer da arte um bem comum –, a obra mais importante que o Brasil já conhecera em matéria de difusão cultural. Desligando-se do Departamento de Cultura, passa a residir no Rio de Janeiro (1938-1941), contratado inicialmente pela Universidade do Distrito Federal como professor catedrático de Filosofia e História da Arte (1938) e, em seguida, pelo Instituto Nacional do Livro, onde exerce a função de consultor técnico do plano da grande enciclopédia brasileira. Em 1941, já de volta à sua cidade natal, é contratado pelo Serviço do Patrimônio Histórico com a tarefa de estudar a obra do pintor colonial Padre Jesuíno do Monte Carmelo, de que resultou uma monografia com o nome deste, publicada postumamente em 1946.

De 1941 é a edição aumentada de sua obra poética, *Poesias*, e em 1943 reuniu estudos de estética em *O baile das quatro artes*. No ano seguinte, organizou a edição de suas obras em vinte volumes, dos quais pôde ver os primeiros, pois morreu em fevereiro de 1945, quando estava no auge do prestígio e da irradiação intelectual. Depois de sua morte, surgiram diversos volumes da obra inédita ou esparsa, como *Lira paulistana* (1946), *Contos novos* (1947) e inúmeros estudos de folclore e musicologia que deixara incompletos e puderam vir a lume graças à colaboração dedicada de sua discípula Oneyda Alvarenga. A estes deve-se acrescentar a vasta correspondência, da qual já foram editados vários exemplares.

Poeta, narrador, crítico, musicólogo, folclorista, capaz de produzir ideias originais em literatura, música, artes visuais, organização da cultura, Mário de Andrade foi a maior figura do Modernismo e uma das maiores na história da cultura brasileira.

ÍNDICE

Apresentação 7

I. MOMENTOS E PAISAGENS (I)

Inspiração (P.d.)* 17
Paisagem nº 1 (P.d.) 18
Paisagem nº 3 (P.d.) 19
Noturno (P.d.) 20
Tu (P.d.) 22
O Domador (P.d.) 24
A menina e a cabra (L.c.) 25
Tabatinguera (L.c.) 26
O "Alto" (L.c.) 27
XVII (L.c.) 28
Parada (L.c.) 30

II. BRASIL DE ASSOMBROS E ANEDOTAS

Coco do major (C.j.) 37
Tostão de chuva (C.j.) 39
Moda da cama de Gonçalo Pires (C.j.) 40
Carnaval carioca (parte) (C.j.) 42
Improviso do mal da América (R.m.) 52
Noturno de Belo Horizonte (C.j.) 54

III. AS CONSTANTES FLUVIAIS

Rito do irmão pequeno (L.a.) 65
A meditação sobre o Tietê (L.p.) 71

---

* Nota do editor:
P.d.: *Pauliceia desvairada*
L.c.: *Losango cáqui*
C.j.: *Clã do jaboti*
R.m.: *Remate de males*
L.a.: *Livro azul*
L.p.: *Lira paulistana*

IV. POESIA DE ENTUSIASMO

As enfibraturas do Ipiranga (P.d.) 87
Ode ao burguês (P.d.) 95
Café – Tragédia coral em 3 atos (2º ato, 2ª cena) – III. Coral da vida...97

V. BIOGRAFIA

Eu sou trezentos... (R.m.) 103
Quarenta anos (R.m.) 104
Brasão (R.m.) 105
Louvação da tarde (R.m.) 107

VI. MOMENTOS, PAISAGENS (II) E IMPROVISOS

Manhã (R.m.) 115
Paisagem nº 5 (C.j.) 116
Tempo das águas (C.j.) 117
Momento (1928) (R.m.) 118
Momento (1937) (R.m.) 119
Momento (1929) (R.m.) 120
Pela noite de barulhos espaçados...(R.m.) 121
Improviso do rapaz morto (R.m.) 123

VII. O FOGO IRREFLETIDO DO AMOR

Tempo da Maria (R.m.) (parte) 127
    Moda do corajoso 127
    Eco e o descorajado 128
Poemas da Amiga (R.m.) 130
Girassol da madrugada (L.a.) 138
Poemas da Negra (R.m.) 141

VIII. SÃO PAULO NOITE E DIA (L.p.)

[Beijos mais beijos,] 151
[São Paulo pela noite.] 152
[Garoa do meu São Paulo,] 153
[O bonde abre a viagem,] 154
[... os que esperam, os que perdem] 155

[Na rua Aurora eu nasci] 156
[A catedral de São Paulo] 157
[Quando eu morrer quero ficar,] 158

IX. O GRIFO DA MORTE

O grifo da morte (L.a.) 163

Biografia 169

GRÁFICA PAYM
Tel. [11] 4392-3344
paym@graficapaym.com.br